复杂环境下超宽叠形穿湖隧道建造创新技术

高永吉　刘　冰　薛青松　编　著

中国建筑工业出版社

图书在版编目（CIP）数据

复杂环境下超宽叠形穿湖隧道建造创新技术／高永
吉，刘冰，薛青松编著. -- 北京：中国建筑工业出版社，
2025. 3. -- ISBN 978-7-112-30905-4

Ⅰ. U455.45

中国国家版本馆 CIP 数据核字第 2025XD0064 号

本书是在总结阳澄西湖南隧道施工与管理技术等研究成果基础上完成的，主要内容包括复杂
环境超宽叠形下穿阳澄西湖隧道建设管理、复杂环境超深地连墙槽壁坍塌防控技术、富水区深基
坑开挖对紧邻建／构筑物影响的控制技术、大断面明挖隧道防渗抗裂控制技术及长大尺度明挖隧道
施工信息化管理技术等。本书内容丰富，具有很强的工程实用性。

本书可供土木、交通、市政工程等领域的设计、施工、管理等人员使用，也供高校土木工程、
交通工程等土建专业的师生参考。

责任编辑：曹丹丹　张伯熙
责任校对：芦欣甜

复杂环境下超宽叠形穿湖隧道建造创新技术

高永吉　刘　冰　薛青松　编　著

*

中国建筑工业出版社出版、发行（北京海淀三里河路9号）
各地新华书店、建筑书店经销
北京科地亚盟排版公司制版
北京中科印刷有限公司印刷

*

开本：780 毫米 ×1092 毫米　1/16　印张：13½　字数：248 千字
2025 年 3 月第一版　　2025 年 3 月第一次印刷
定价：**198.00**元
ISBN 978-7-112-30905-4
（43697）

　　阳澄西湖南隧道是苏州市道路建设重点项目春申湖路快速化改造工程的重要组成部分。该工程西起黄桥互通，穿越相城区和阳澄西湖接中环北线一期，全线长16.56km。本工程是沟通相城区和园区的一条交通"大动脉"，建成后，苏州高新区、相城区、工业园区将连成一线，苏州城北将加速融合。推动相城打造产城融合样板区、长三角一体化创新发展先导区。

　　春申湖路快速化改造工程阳澄西湖南隧道，起于苏嘉杭高速东侧，道路以隧道形式由西向东沿旺巷港河北、林家港河南布线，在湖滨路东进入阳澄西湖，并在园区黄金水岸广场与陆地连接。该项目含道路、桥梁、隧道、排水工程及辅路、野巷路、风塔、设备用房等，主线隧道全长4.47km，进出口匝道长1.83km。隧道向东沿林家港河进入阳澄西湖，湖域水深2.5~5m。其中，穿湖段隧道长约2.7km，采用筑围堰明挖法施工。位于林家港河床段隧道长约1km，抽水清淤后进行隧道维护结构地下连续墙（简称地连墙）施工。隧道基坑最大深度24.63m，地连墙最大深度52.5m。工程由中设设计集团股份有限公司与中铁第五勘察设计院集团有限公司联合体设计，由中铁建城建交通发展有限公司（中铁二十局集团第一工程有限公司）进行施工承包，由江西中昌工程咨询监理有限公司与苏州香山工坊景原建设股份有限公司联合体进行监理。

　　本工程是我国第一条穿湖双层叠形隧道，是国内城市道路最长隧道，最深处接近25m，宽度接近56m，是全线技术难度最大、安全风险最大的工程部位。中铁建城建交通发展有限公司经过两年多的项目工程实践，对解决超宽叠形穿湖隧道施工建设过程中各种技术问题积累了丰富的经验。

　　《复杂环境下超宽叠形穿湖隧道建造创新技术》是由中铁建城建交通发展有限公司董事长、党委书记高永吉策化、指导，由宋红红、孙引浩、刘冰、刘义同、薛青松、严朝锋主要执笔编写而成，参加与本书相关的课题研究和编写工作的人员还包括阳澄西湖南隧道项目的马立云、张强、熊杰、孙伟夫、樊涛、赵辉、卫凯、杜家威、邢艳翎、程钢牛、张捷、杨慧，以及上海大学的张孟喜、林永亮。

　　本书也是全体工程人员的实践和总结，书中借鉴、展示了国内外已有的成果，编者在此一并表示感谢。虽然我们尽了很大努力，但限于编者水平，失误和疏漏在所难免，敬请读者批评指正。

目 录

绪　论

1.1　工程概况

1.1.1　春申湖隧道规划与建设意义

相城区作为"大苏州新中心"，是规划引领充满活力的热土。当前，相城区站在高起点谋划未来，为了更快、更好地建设相城区，苏州市启动春申湖路快速化改造工程，本工程是连通相城区和苏州工业园区的一条交通"大动脉"，道路建成后，苏州市高新区、相城区、工业园区将连成一线，苏州城北将加速融合。

苏州城区快速骨架路网示意图如图 1-1-1 所示。工程通车后，苏州城区经过澄阳立交一路向北可通往常熟等周边城市，促进苏州与周边城市的互联互通，加强与周边城市的分工协作，积极参与世界级城市群建设，构建现代都市格局，促进长江三角城市群整体经济发展。苏州春申湖路阳澄西湖南隧道主线长 4.47km，隧道向东沿林家港河进入阳澄西湖，湖域水深 2.5～5m，隧道主线示意图如图 1-1-2 所示。其中，穿湖段隧道长约 2.7km，采用钢板桩围堰明挖法施工。位于林家港河床段隧道长约 1km，抽水清淤后进行隧道维护结构地下连续墙（简称地连墙）施工。隧道基坑最大深度

图 1-1-1　苏州城区快速骨架路网示意图

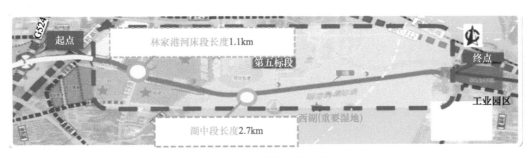

图 1-1-2 隧道主线示意图

24.63m，地连墙最大深度 52.5m，相应幅宽 1.2m。

1.1.2 建设条件

沿线场地位于苏州市相城区及工业园区内，现为市政道路及其绿化带、荒地、厂房、废弃民居、河流及现状湖泊等。沿线场地阳澄西湖段实测水面标高为 1.50～1.60m，其余地段标高为 1.64～5.58m，地形开阔平坦、略有起伏，地貌属第四系冲湖积平原类型。根据本次勘探，沿线场地地表下 90m 内地基土除填土外，其余为第四系滨海、第四系河泛、河床相沉积物，一般由黏土、粉质黏土、粉土类粉砂土组成。隧道穿越地质纵剖面图如图 1-1-3 所示。

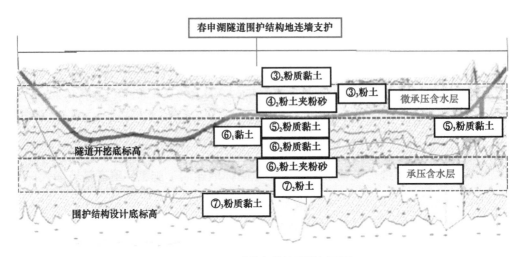

图 1-1-3 隧道穿越地质纵剖面图

该工程位置水文条件较为复杂，地下水分布多变，可分为地下潜水、微承压水、承压水，具体分布如下：

1）地下潜水主要赋存于浅部填土及黏土。水位埋深 0.70～4.10m，稳定水位埋深 0.30～4.30m，标高 0.48～2.09m。水位随季节、气候变化而波动，在雨水季节补给量大于排水量，潜水面相对上升，含水层厚度加大。旱季，排泄量大于补给量，潜水面下降，含水层变薄。夏秋季节为高水位，冬春季节为低水位。

2）微承压水主要分布于③₃粉土及④₂粉土夹粉砂中，富水性一般，透水性较好。该含水层埋深及厚度均有一定变化，埋深0.7～20.4m，厚度0.7～14.4m。勘察资料显示，苏州市历年最高微承压水水头标高为1.74m，年变化幅度为0.80m左右。根据抽水试验结果分析，微承压水水头标高1.23～1.34m。该层主要补给来源为浅部地下水的垂直入渗及地下水的侧向径流，以抽水井抽取及地下水侧向径流为主要排泄方式。

3）承压水主要分布于⑥₃粉土夹粉砂及⑦₂粉土层中，富水性中等。承压水水位变化一般在1m左右，水头标高为−2.0m。该含水层具有相对较好的封闭条件，补给来源主要为微承压水的越流补给及地下径流补给，以地下径流及人工抽吸为主要补给方式。

1.1.3 工程设计方案概述

（1）工区划分

根据工程项目的位置、线路长度和管理的方便性，将春申湖隧道工程划分四个工区进行施工管理，工区划分平面布置如图1-1-4所示。

图1-1-4 工区划分平面布置

四个工区分别跨越相城区和工业园区，其中，相城区包括一工区、二工区以及三工区，工业园区只包括四工区。穿湖隧道主体施工主要分布在三工区，三工区为湖域段，采用围堰明挖法进行基坑和地连墙的施工。三工区的施工难度最大，分布范围广，全长为2210m，湖西入湖段至湖域段主要为隧道主线暗埋段及隧道主匝并行段，重

（难）点是阳澄西湖的围堰施工。

（2）湖域围堰施工设计

本工程最大特点是隧道需要穿越阳澄西湖，并采用分段分期围堰明挖法施工。一期围堰长1962m，从西侧入湖处向东侧修筑，围堰宽度为120m、180m。其中，西侧长度约1100m，围堰宽度120m，二期围堰长755m，围堰宽度180m，湖域围堰平面布置如图1-1-5所示。

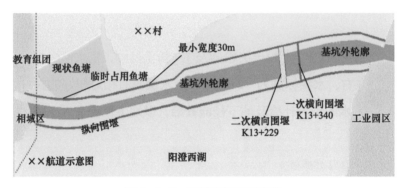

图1-1-5 湖域围堰平面布置

湖域围堰采用双排钢板桩桩内填土的结构形式。钢板桩型号为拉森SP-Ⅳ型，围堰内填土高程为3.00m，采用渗透系数较小的黏土填充，水面以上要求控制压实度不小于91%，迎水面钢板桩比背水面钢板桩高0.5m，并在钢板桩后堆设1.0m宽袋装土作为挡浪堰。钢围檩采用双拼槽钢，钢板桩顶以下1.0m处设置1层拉锚筋，型号HRB400，直径32mm，间距0.8m，槽钢与拉森钢板桩缝隙用C20素混凝土填充。围堰结构施工的平面布置如图1-1-6所示，现场围堰施工图如图1-1-7所示。

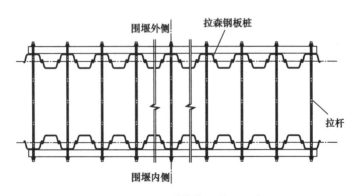

图1-1-6 围堰结构施工的平面布置

图 1-1-7　现场围堰施工图

　　现场围堰施工顺序：区域内清障→定位放样→清淤湖底→施打钢板桩→合围钢板桩后在钢板桩内侧铺设复合土工布及防渗土工膜→安装中间拉杆及两侧横向腰梁→在钢板桩围堰内填土、压实→继续向前推进施打钢板桩→在围堰内侧堆土、抽水、施工高压旋喷桩→推进钢板桩插打循环工序，直至整个段落结束→分仓段落重复施工直至完工。

　　（3）隧道典型断面设计

　　图 1-1-8 为湖域段湖底纵断面图。在湖床上开挖隧道基坑，不同位置开挖深浅不同，浅基坑不足 10m，深基坑最深为 24.63m。穿湖段落水下作业，沿线均为深基坑开挖，且含有富水地层，安全风险极为严峻。本工程属于快速路建设，图 1-1-9 为湖域段隧道横断面设计图。由图可知，隧道下层为双向六车道，上层为两个匝道，隧道宽度达 51.5m，属于超长、超宽叠形隧道，现场施工极其复杂，且需要下穿湖域施工，无疑给施工增加了很大难度。图 1-1-10 为超宽叠形隧道围护结构横断面图，隧道围护结构采用地连墙，湖域水文地质复杂多变，地连墙成槽施工较为困难。此外，超宽叠形隧道在湖中施工对工程防渗要求极为严苛，湖区施工最大问题是防渗问题，目前，国内缺乏相关工程的应用经验，因此，需开展高下穿水位超宽叠形阳澄西湖隧道综合施工关键技术研究，才能保证工程顺利施工。

图 1-1-8　湖域段湖底纵断面图

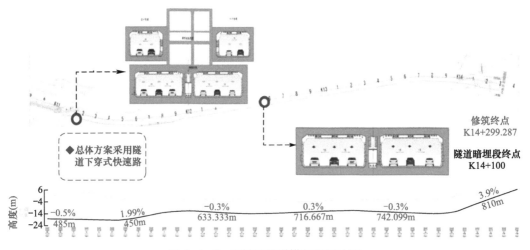

图 1-1-9 湖域段隧道横断面设计图

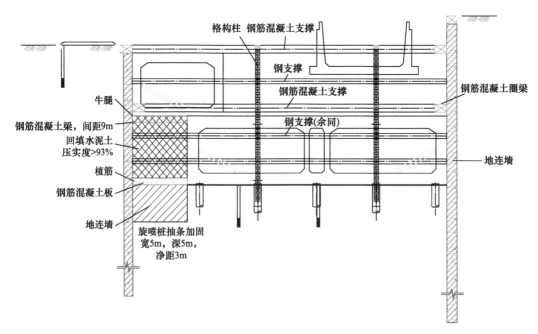

图 1-1-10 超宽叠形隧道围护结构横断面图

1.2 高水位穿湖隧道国内外研究现状

1.2.1 穿湖隧道安全控制技术

（1）地连墙槽壁坍塌研究

对于地连墙槽壁稳定性的研究最早起源于对土拱理论的研究，开挖土体后，由于卸荷作用土体会向槽壁内侧移动，这时土体会自发产生一种抵抗土体侧移的作用力，这种作用力被定义为土拱效应,如图 1-2-1 所示,学者们通过土拱理论对槽壁水平土压力以及稳定性进行计算分析,从而对槽壁进行稳定性评价。

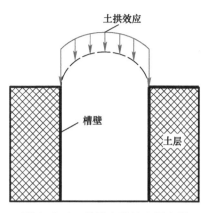

图 1-2-1　槽壁土拱效应示意图

继土拱理论研究之后,对地连墙的失稳形式和机理的分析也逐渐成为比较热门的研究方向。Britto 假定了 7 种成槽开挖的槽壁失稳模式,并给出相应的解析解,研究表明,槽壁整体失稳远比其他形式的失稳更为重要。王轩等根据已有的槽壁整体稳定性分析方法,从理论基础、计算参数的敏感性、实际应用效果等方面对其进行了对比研究。结果表明,在半圆柱形和三棱柱形滑动体假设基础上建立的槽壁稳定分析方法,能较为合理地评价槽壁的稳定性。

目前,基于是否考虑土拱效应,地连墙槽壁稳定性分析方法可分为二维分析法和三维分析法,二维分析法包括单元体应力极限状态分析法、槽壁两侧土压力平衡分析法、滑动体受力平衡分析法,三维分析法包括滑动体极限平衡分析法和基于上限理论的分析法,具体见图 1-2-2。

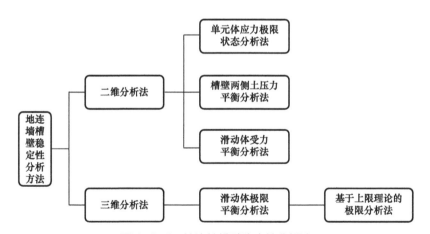

图 1-2-2　地连墙槽壁稳定性分析法

针对地连墙槽壁失稳的研究,除了理论分析方法之外,地连墙槽壁稳定性数值分析方法也是一种比较通用的方法,常用的数值分析方法有有限元法、有限差分法、离散元法。各种数值模拟软件通过对地连墙成槽施工全过程进行模拟,进而对成槽施工中槽壁的变形和受力规律进行分析。

现场监测和试验方面的研究虽然也有不少,但总体相比于理论解析法和数值分析法还是有所不足。部分学者基于现场不同成槽工况下的土体变形监测数据对地连墙成槽施工过程的土体变形和应力状态进行分析，并通过超声波实测对分析结果进行相应的验证。此外，对于室内试验方面的研究，不少学者通过采用模型试验对地连墙成槽过程中土体的变形规律进行探究，还有一些学者考虑泥皮对槽壁稳定性的影响，通过渗透试验对泥浆的护壁特性进行研究。虽然有不少学者考虑了泥皮的影响，并进行了相应探究，但对泥皮的形成机理研究并不深入，未能较好地揭示泥皮的形成机理和形成条件。

（2）基坑开挖对邻近建筑物的影响研究

1）渗流理论

2019 年，何桥敏等引入随机介质理论中地层损失概念，综合开挖时支护变形、土体密度、渗透力变化等多因素导致基坑外地表沉降，并考虑桩土间摩擦作用后给出有支护基坑降水开挖过程邻近地表沉降的预测方法。

2016 年，冯梅梅等采用统一强度理论推导考虑渗流条件的水土压力，并引入了中主应力对土压力的影响参数 b 和与各土层水力梯度相关的系数 ξ，提出了计算基坑地连墙两侧水土压力的新方法，表明了主应力对水土压力的影响较大，应谨慎取值。

2014 年，Hugo A.Loáiciga 等根据一维固结理论推导了地下水开采引起的含水层一维（垂直）固结沉降计算公式，给出了单层与多层承压水情况、稳态与瞬态情况、各向同性与各向异性等多种情况下竖向应变的积分方程。

2014 年，黄大中等将基坑周边渗流场分为两区域，利用 Fourier 变换推导出了各向异性土层中基坑二维稳定渗流的半解析解，并分析了渗透各向异性、基坑尺寸参数对渗流场及出逸比的影响，表明基坑宽度、挡墙相对深度、水位等会对二维流场有相当的大影响。

2007 年，Shen 等提出了一系列简单方程来计算基坑降水时防水帷幕两侧水头差，认为防水帷幕的屏障效应由两部分组成，即防水帷幕下的屏障效应和降水井边界到防水帷幕之间的屏障效应。故仅需在自然条件水头差加上屏障下的水头差与汇聚到开口处所引起的水头差即可。同时，考虑承压含水层的各向异性、含水层厚度、隔水墙插入含水层程度等因素，并进行修正得出最终公式。对比实际工程数据，验证了其合理性，并能为挡水墙深度设计提供参考意见。

2）试验与监测

2018 年，杨清源等通过模型箱试验，模拟潜水区基坑内不完整井降水时坑内外有效应力分布，得出降水有效影响深度、坑外水位变化曲线和绕渗区划分计算公式，并由此提出了降水引起的基坑外地表沉降计算方法；但与试验结果相比相对保守，故利用绕渗区渗流作用原理修正了基坑外地表沉降简化计算方法。

2019 年，Xu 等通过设计模型试验和数值模拟，研究了考虑承压含水层时隔水帷幕与抽水井之间的相互作用对基坑降水的影响。通过改变承压含水层中隔水帷幕埋深，抽水井滤网长度等参数，结合数值模拟，使用 Boltzmann 曲线模拟出帷幕墙两侧的近似水力梯度和基坑外地面沉降与以上参数之间的关系，并给出了相应取值建议。

2008 年，张淑朝通过粉质黏土室内卸荷回弹试验，分析了天津地区土体卸荷比、回弹率与回弹模量之间的关系，给出了产生土体回弹的卸荷比范围，并由此进行了回弹影响区深度的估算。

2011 年，郑品等通过室内试验研究地下构筑物对地下水渗流情况的影响，并对比分析了有无地下构筑物时的渗流情况，得出了最佳挡水深度比，并通过数值模拟验证了此规律的正确性。将挡板深度与水力梯度增量用指数曲线拟合，表明地下构筑物会改变地下水水位分布，延长地下水稳定时间。

2013 年，刘念武等结合某建筑密集深厚软黏土地区地铁基坑监测数据，分析不同施工阶段土体侧向位移，并对比极限侧向位移与 FOS 曲线。分析不同类型基础的建筑自身及邻近地表的沉降，并研究其受基坑变形空间效应的影响。

2014 年，王国粹等针对两个狭长深基坑周边土体位移、管道及建筑沉降监测数据进行分析，发现地表沉降符合三折线模型，且与管道沉降变化趋势相似。考虑狭长基坑的空间效应分析了平面应变比与测点位置的关系，表明地表沉降与管道沉降呈一定的空间效应，管道刚度不同是导致其差异的原因；基坑降水开挖的时间效应也对变形起很大影响。

2019 年，楼春晖等结合温州某大型基坑监测数据，研究了软土地区基坑开挖的空间效应对周边环境变形的影响。从垂直于基坑围护墙以及平行于围护墙两个方向，对基坑外地面道路以及建筑物的沉降和裂缝情况进行了监测分析，总结了开挖引起基坑外地表沉降的分布特性，证明了坑角效应对基坑变形的抑制作用。

3）数值模拟分析

2016 年，Nianwu L 等使用有限差分法研究了在大直径井筒护壁情况下，深基坑降水（包括完整井与非完整井）时护筒内外水头的深度变化，分析了挡土墙深度、承压含水层的各向异性和泵滤网长度对帷幕内外水位的影响。在研究降水随时间变化时，将整个过程分为四个阶段，又研究了不同阶段中以上各因素对曲线的影响。

2014 年，马昌慧等针对某有帷幕基坑降水工程使用 Visual MODFLOW 数值模拟软件计算降水渗流场，并采用分层总和法计算地表沉降，表明离基坑越远，水头下降越少，沉降越小。

2014 年，黄应超等采用三维有限差分法对某深基坑降水与回灌过程进行三维数值模拟，证明回灌对提高坑外水位有很大作用，同样，也对减小基坑外地面沉降，保护邻近地表建筑有很大帮助。

2008 年，Zhang 等结合某富水区隧道深基坑降水工程，将抽水井监测数据与所建三维有限元模型模拟结果进行对比，结果一致，使坑内降水 −34m 同时坑外降水仅 −3m。为富水区软弱土层降水沉降的预测提供了一种方法。

2008 年，陈永才等通过昆山地区某工程实例，分析施工过程中基坑降水对周边建筑产生影响的原因，并分析了隔断承压水的设计方法，提出相应问题的处理方案。

2000 年，王利民等对上海某大型深基坑工程监测数据进行研究，分析了基坑开挖造成的地面沉降与支护体系产生变形的关系，对周边环境的影响范围，建筑物沉降与距基坑不同距离的影响程度等。

2012 年，田志强等模拟了深基坑内降水条件下的基坑开挖过程，分析了深基坑开挖及降水引起的邻近浅基础建筑物沉降及支撑结构的变形。研究表明，基坑降水对浅层土开挖影响显著，其影响范围远大于土体开挖卸荷本身引起的建筑物沉降及变形。

2013 年，Zhang 等根据基坑降水试验资料建立了三维数值模型，研究了地下水水位变化规律，分析了降水引起地面沉降的原因。

2007 年，王翠英对武汉国际证券大厦降水过程进行了三维有限元模拟计算。很好地模拟基坑防渗帷幕、非均质和各向异性、承压—无压等一些解析法难以处理的实际工程条件和地质模型。

1.2.2　穿湖隧道风险管理技术

风险管理这一理念在国外起源较早，到 20 世纪 80 年代，风险管理的研究在工程领域得到了广泛应用。在隧道风险方面，Einstein 的研究成果颇丰，为隧道工程的风险评估提供了重要的理论基础，包括隧道成本计算模型、岩石工程风险评估、隧道建设中的理念等。在此基础上，有的学者在阿姆斯特丹南北地铁线项目中研究了造价、进度在施工质量等多种影响因素下的风险管理，以及风险评估问题，并最终总结出了"IPB"风险管理模型。此后，Reilly 于 2000 年提出，隧道工程是一项综合性工程，它包括投资、安全、工期延迟、工程完工后无法达到设计要求的风险。同时，国际隧道协会在 2000 年组织编写了《隧道风险指南》一书，并发布隧道项目施工中风险管理的规范，该书指出了隧道项目实施时存在的风险以及相应的风险分析，为隧道项目风险管理提供了较为全面的风险体系以及较为规范的依据。O T Blindheim 在 2005 年发表的文章中总结了北欧多个国家隧道的施工以及技术经验，为同类隧道施工的风险管理提供了参考。Carvajal 在 2014 年发表的文章中提出基于地质和施工性能方面的高度不确定性时施工成本的测算模型，结果证明随机和基于驱动程序和风险管理工具的集成可以提供一个强大的工具，改善海底隧道项目的预投资决策过程。由此可以看出，越来越多的定性或定量的风险分析技术已被运用于隧道施工管理中，同时也说明隧道项目风险分析已成为国外隧道施工管的普遍现象，也是隧道施工管理过程中必不可少的一项内容。

盛继亮对我国广州地铁的首期工程以及上海地铁建设过程中关于风险和保险的模式进行了研究。边益海等将可靠度理论运用到隧道项目的分析，并提出了抗风险设计理念，运用改进的层次分析方法定量分析隧道等地下结构的风险概率以及风险损失。我国土木工程学会成立了隧道及地下工程分会风险管理专业委员会，代表我国隧道项目风险管理已经进入到较为稳定的发展状态。在这种状态的持续发展下，我国颁布了工程管理领域内相关的规范性文件，比如《公路桥梁和隧道工程施工安全风险评估指南（试行）》，说明我国的隧道项目风险管理正向着规范化的方向发展。中铁第四勘察设计院集团有限公司针对上海至南通铁路越江通道进行详细的风险分析，分别从隧道施工、灾害、环境的风险进行了较全面分析，给隧道风险识别以及评价提供了参考。周翔提出城市隧道建设与交通运行需求，交通量变化等相关方面的关系，引起人们对于隧道修建必要性的思考与探索，也使得隧道风险分析的内容得到了扩充。卢浩等在对常用风险评估方法全面分析的基础上，对其不足的地方进行改进，将类似工程的指数引入隧道施工风险评价中，并对该方法的评价流程以及模型进行了详细的阐述；同年，方俊以上海某过江隧道工程为例，从风险控制角度阐述该工程盾构进洞时采取的相关准备工作与风险控制措施。李志义等采用模糊综合评判法对大型越江围堰明挖隧道施工风险进行研究，建立了风险模糊综合评判模型。

1.2.3　数字化与协同管理技术

数字化协同管理可以有效应对隧道建设参建方多、信息量大的问题，实现了基于统一平台的共同管理，避免了各管理层之间"信息孤岛"的形成，解决了传统纸质信息交流带来的问题，提高了数据的录入与传输效率。同时，数字化与协同管理技术也带来了基于 BIM 的计算管理工具，使得隧道建设平台更加智能化、现代化，促进了隧道项目的全生命周期管理，推动了隧道建设的数字化发展。

Walid 等研究了工程项目成功的关键要素，提出了构建项目成功实施的评价体系，指出工程项目各参与方的有效沟通与交流是项目成功的关键要素之一。

David 等研究了包含协同因素的项目管理模式和方法，国际咨询工程师联合会制定了相关合同模式的应用条件。

Eddie 等分析了 Partering 管理模式，并对其成功实施提供了理论指导，对项目协同管理的步骤和关键影响因素进行了研究，总结了各参与方在项目中的协同过程。

Cheng 等对建设工程项目的组织结构优化进行了分析研究，提出了一种协同评价模型，并根据该模型对项目组织结构的效率进行了评价，从而优化了项目组织结构。

Rasdorf 等建立了项目进度和成本数据的采集模型，提出了进度和成本的协同解决方案。

韩洪云等研究了建设工程项目全寿命期价值链管理。

Tanyer 等开发了基于 IFC 标准的 4D 管理系统，该系统通过关系数据库存储方式实现了工程信息、成本、进度等数据的共享与交互。

Hameri 等研究了基于多代理系统在建设项目数字化管理方面的应用，多个智能体可为项目建设的协同工作提供有效工具。

冯蔚东等对数字化管理中的风险管理进行研究，提出了风险识别、风险监控、风险规避的模型和方法。

贾利民等提出了包括云计算、物联网、大容量通信、知识推理、互操作和网络安全等技术的 RITS 系统完整的技术框架体系。

1.2.4　信息化监测与预警技术

（1）信息化监测技术

在隧道工程建设中，对隧道的实时监测是实现信息化、动态管理的重要内容。通过对岩体及支护的动态监测，可以有效地评估围岩稳定性、支护参数及工艺参数的合理性，从而为隧道的设计与施工提供依据。

1）光纤传感技术

程刚等将布里渊光时域反射技术（BOTDR）和光纤布拉格光栅传感器（FBG）进行技术融合，先由 BOTDR 技术取得宏观信息，再用 FBG 技术对关键监测处进行二次监测，满足了"大范围、高精度"的要求，同时，实现了"点—线—面一体化"。王中锐等基于光频域反射（OFDR）技术提出并验证了分布式光纤可以测量深层土体水平位移，并将光纤应变与土体位移进行转换，得出结论：该监测技术在测量深层土体应变场及位移场的同时，还具有低成本、多维度、自动化程度高、可分布测量等优点。汤继新等在监测宁波市轨道交通1号运营线时，将分布式光纤传感技术与FBG技术结合，在完成对长距离隧道管片变形和差异沉降监测的同时，还实现了隧道断面和结构变形自动化监测。该监测成果表明，光纤传感技术在轨道交通工程结构监测方面具有巨大的潜在价值和广阔的应用市场。

Mohamad等介绍了一种新的分布式应变传感技术，利用BOTDR技术对伦敦某旧隧道在新隧道施工期间的性能进行了检测。结果表明，该技术所测得的数据与全站仪测得的数据基本吻合。也有学者采用BOTDR/A和瑞利后向散射波长干涉测量（OBR）技术监测定义地面位移模型，并通过2D、3D技术对隧道上方水平铺设的光线信息进行了优化和分析。或者在监测井下岩体运动时，将光纤与聚氯乙烯（PVC）管连接，形成一种新型BOTDR应变监测系统。通过观察管内、外的弯曲位移与纵向应变，模拟井下岩体表面位移，实现位移反分析计算。还有学者分别用基于BOTDR技术的光纤感测传感器、应变计、倾斜仪和地形测量这四种方法对深基坑多锚桩墙水平位移进行了监测。结果表明，使用光纤感测传感器测量和倾斜仪测量是最优方案。

2）三维激光扫描技术

赵海霖通过对某铁路隧道整体变形监测所获得的现场数据，验证了三维激光扫描监测隧道变形的可行性与科学性。侯高鹏提出了隧道局部变形测量方法，通过"FGR-ICP"配准工艺对三维激光扫描技术在隧道变形测量的应用进行了优化，使得测量精度更高。蒋钦伟搭建了一个隧道点云数据处理实验平台，该平台基于三维激光扫描技术，实现了隧道全过程变形的数据检测。杨世杰针对BIM模型和点云模型之间的坐标误差，利用三维模型空间区域超欠挖体积计算方法，对点云模型定位进行了调整，最终实现了"BIM + 三维激光"几何偏差检测。

Hawks等在研究法国中世纪隧道时，发现隧道空间狭小且无法借用经纬仪及GPS等现代地形测量仪器，因此，采用三维激光扫描仪将隧道结构与外部环境相连，解决该类隧道的内、外部视图问题。Moisan等在监测运河隧道过程中，将声呐与三维激光扫描结合，分别用于水下、水上的数据记录，从而建立运河隧道的三维模型。

3）数字近景摄影技术

徐贺通过试验对比分析数字近景摄影技术与三维激光扫描技术在隧道变形监测的精度，发现三维激光扫描技术更优于数字近景摄影技术。桑中顺在隧道监测中引入了红外摄影技术，解决了施工场地粉尘飘浮导致的摄影困难。同时，针对非测量相机镜头畸变问题，提出并应用了相机快速标定方法。王隆以重庆市轨道交通6号线中梁山Ⅱ号隧道为依托，结合自由网平差方法，在洞内没有放控制点的情况下，使用非测量相机进行隧道变形测量，并借助全站仪检验了摄影测量的精度。

Panella等比较了数字近景摄影技术与三维激光扫描技术，指出数字近景摄影是三维激光扫描视觉检查混凝土分段衬砌隧道的有效替代方案。数字近景摄影技术不仅具备与三维激光扫描技术相当的全局精度，还大大节约了生成3D模型的时间。Changno Lee等利用相机采集加载试验前后砂土和黏土两种不同地下隧道模型的图像，结果表明，通过设置适当的匹配参数和滤波，利用数字近景摄影技术可以生成视觉信息丰富的土壤变形矢量图。

（2）信息化预警技术

隧道监控测量与预警系统有一定的动态联系，监控测量是预警系统的数据基础，而预警系统发出的预警信息可以调整监控测量方案。建立一套高效的工程监测预警机制，对于保证隧道的稳定运行、提高经济投资回报、促进综合可持续发展具有重要意义。

马士伟等指出当前隧道防塌方规范标准值应根据具体的隧道变形量和实际的现场施工情况做出适当的调整，确定满足大断面软弱围岩隧道防塌方预警基准值。

依力哈尔·亚力昆以乌鲁木齐市水磨沟区华光街隧道为依托，对监控测量数据进行风险等级评定、设置合适预警阈值，采用回归分析模型曲线拟合隧道实际变形，当变形量达到阈值即发出相应预警。

胡杰对隧道节理硬岩破裂及衍生块体垮塌中的岩桥破断和岩块失稳两个阶段进行了重点监测及预警研究，根据节理岩体在不同应力状态下的破坏行为及规律，提出了基于岩体裂纹类型演化的岩桥破断预警判据和基于岩块固有振动频率演化的块体突变失稳预警判据，并首次通过滑动面剪切刚度将块体固有振动频率与块体稳定性分析关联。

赵凯采用时间序列变形预测模型、BP神经网络模型对高铁隧道及地铁隧道进行变形预测，并与监测结果比对，发现BP神经网络模型更优。

刘洁选取距离识别算法、线性插值算法作为监测系统的数据预处理方法，确定最佳预测参数为 1% 学习率、16 个隐藏节点、270 步迭代收敛。

1.3　超宽叠形穿湖隧道建造技术难点与挑战

（1）负压区超深地连墙成槽难。工程最大的特点是进行穿湖地层施工，湖水与场地地下水有关联。地下潜水层含水量丰富、补给量大、水位高，工程需要穿越长三角地区特有的微承压水和承压水两个富水流砂层，潜水水位、微承压水水头、承压水水头均高于围堰内侧施工地面，槽壁内形成负压水头，在内外水位压力差过大的情况下，成槽施工时，容易造成槽壁坍塌。

（2）隧道建设环境复杂，对相邻建筑物的影响控制要求高。隧道工程二工区坐落于建筑密集区，施工地段原为河道，属软弱地层，地下有多层承压含水层，水位恢复速率快，降水难度大。同时，在降水开挖时需要保证紧邻建筑的安全，避免建筑沉降过大或发生不均匀沉降。通过分段降水、分区开挖、使用坑外回灌井多种手段保证基坑及周边环境的安全性。

（3）大体积、高水位，富水区超宽叠形隧道防渗要求高。本工程成槽深度最大约52m，湖区地连墙深度也达到 45m，地连墙开挖深度较大，且相应的湖区地层环境条件较为复杂、多变。此外，本工程为超宽叠形隧道，防水等级为二级，且工程位于阳澄西湖的下方及湖畔，对防渗要求非常高。

（4）混凝土原材料质量不是一成不变的，易受外界温度、湿度等影响，性能会发生改变，混凝土易产生裂缝。

（5）明挖隧道节段长度一般为 20～60m，存在一定数量的接缝，但因接头设计不合理、施工水平差等原因，明挖隧道常常会出现渗漏水情况。

1.4　创新思路

（1）创新检测与监测技术，提高分析结果的准确性

采用超声波检测方法检测成槽施工中的槽壁失稳现象，对槽壁超声波检测方法的原理、检测要求、测试结果进行总结，依据成槽失稳检测中的声波检测图，提出槽壁的整体和局部占比系数、地层损失率的计算公式，对槽壁失稳的现象进行分析。

对现场大尺度混凝土已经存在的裂缝进行调研，总结裂缝的分布规律，设计混凝

土温度应变监测方案，采用高性能双光栅温度—应变式传感器进行连续监测，对监测数据进行整理分析，总结大尺度混凝土温度应变的规律。

（2）数值模拟与现场数据相互对比，增强结果的可信性

通过 ABAQUS 有限元软件对湖区地层地连墙成槽施工进行数值模拟，通过与湖区地连墙声波检测结果对比分析，分析微承压水在成槽施工中对槽壁稳定性的影响。结合泥皮作用对槽壁稳定性进行探究，分析泥皮对槽壁的影响，并对槽壁失稳主要影响因素进行参数分析。

针对基坑建筑密集区域进行有限元数值模拟，分析基坑降水开挖支护全过程中基坑变形及其对周边环境影响。通过与监测点数据进行对比，研究考虑在承压水及微承压水情况下，不同开挖步对周边环境及邻近建筑物的影响。

利用 ABAQUS 有限元分析软件对本工程湖域段大长尺度混凝土施工进行建模，分析大长尺度混凝土的温度场和应力分布情况。将有限元分析结果与监测数据及理论计算结果进行对比，验证数值模拟的可行性。

（3）引入新的概念，提升分析结果的科学性

基于工程中的粉砂层存在承压水槽壁破坏模式进行计算假定，基于极限平衡分析方法对粉砂层破坏滑动体进行受力分析，提出粉砂层槽壁稳定性安全系数，并结合现场试抓槽试验和减压降水的成槽检测结果对计算公式进行验证。之后，深入分析地下水对粉砂层槽壁稳定性的影响规律。

（4）结合 BIM 技术，注重研究结果的实用性

通过查阅文献分析国内外 BIM 技术的研究现状，利用 BIM 技术理论，确定基于 BIM 技术应用于超长、超深、超宽叠形隧道的研究内容。理论与实际结合，通过本工程的实际应用，分析论证 BIM 软件支撑下的三维模型快速建立、进度计划管控、产值统计、施工模拟、施工安全监测信息管理内容，研究 BIM 技术在实际项目工程管理中的使用价值。结合项目实际的应用效果，说明在隧道工程中利用 BIM 技术的优势。

复杂环境超宽叠形下穿阳澄西湖隧道建设管理

2

任何一项建筑工程想要达到预期的建设目标，要依靠科学的建设管理制度。项目的安全管理是建设管理的基础，项目的组织管理是建设管理的核心，项目的质量管理和风险管控则是建设管理不可或缺的一部分。

2.1 管理体系组织模式

2.1.1 安全生产管理

安全生产是施工项目重要的控制目标之一，图 2-1-1 为项目安全管理架构图。为确保施工安全，应当建立健全各项安全规章制度，做到依法办事，加强安全教育，提高广大职工的安全意识和防范安全事故的能力；及时开展安全生产大检查，消除事故隐患；建立高效、精干的安全组织机构，制定切实可行的安全技术措施，在施工中严格执行；从技术入手，针对实际情况，及时解决施工中的安全问题，达到安全目标的实现，创建安全标准化工地。

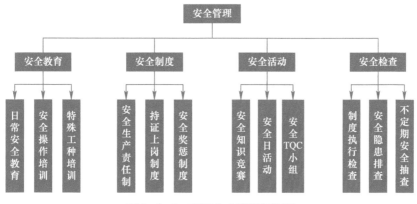

图 2-1-1 项目安全管理架构图

（1）建立安全生产责任制

各级领导、各职能部门、管理人员、技术人员及操作人员均认真执行国家劳动保护政策、法令、法规和上级指示、决议，认真落实安全生产负责制，各级单位第一管理者为本级第一责任人，逐级负责，确保万无一失。做到领导认识到位、管理到位、责任到位，对其职责范围内的安全生产工作负责。明确规定各职能部门、各级人员在安全管理工作中所承担的职责、任务和权限，形成"人人讲安全、事事为安全、时时想安全、处处要安全"的良好施工氛围。

（2）加强全员安全教育和技术培训考核

施工前，按照"技规""行规"等有关施工安全规定，制定相应的施工安全措施，组织全体施工人员认真学习，贯彻执行，使项目经理部各级领导和广大职工认识到安全生产的重要性、必要性。懂得安全生产、文明生产的科学知识，保证施工生产有计划、有秩序进行，确保施工安全。

（3）加大安全教育培训力度

加强全员安全教育和技术培训考核，使各级干部和广大职工认识安全生产的重要性、必要性。掌握安全生产的科学知识，牢固树立"安全第一，预防为主"的思想，克服麻痹思想，自觉遵守各项安全生产法规和规章制度，严格执行操作规程。

（4）坚持开展群众性安全管理活动

根据实际情况，采取不同的形式，组建安全管理 TQC 小组，严格按照 PDCA 循环四阶段（计划、实施、检查、处理）、八步骤，制订每旬、每月的活动计划，规定每次活动时间、内容、目标，并组织实施，直到解决问题。

（5）事故申报制度

严格执行《生产安全事故报告和调查处理条例》，认真做好职工意外伤亡、施工机具损坏等事故统计、报告、调查、处理工作。所有事故在规定的时间内申报，并对事故进行详细调查，并写出事故调查处理报告。

2.1.2 文明施工管理

（1）施工扬尘控制管理

本工程施工扬尘控制的具体内容有：工地围墙、大门封闭；加工场地硬化率达到100%；建筑垃圾入库、每天清运；材料进出采用自动翻盖车辆，对车辆自动冲洗；施工现场自动喷淋降尘系统全覆盖，局部场地采用雾炮降尘系统；生活垃圾袋装化集中处理；对施工区、生活区、办公区洒水清扫。

1）施工现场保洁

按施工所在地的管理规定，施工现场设置连续、封闭的围挡，围挡的高度不低于2.2m，加强日常管理、维护和清洗。施工区由派清扫班每日定时清扫，及时洒水，确保路面清洁。日常车辆进料时，必须对车辆进行冲洗，保证渣土不带出工地。现场保洁措施见图 2-1-2。

图 2-1-2　现场保洁措施

2）施工现场设置沉淀池

施工现场出入口加装车辆冲洗装置，设置沉淀池，如图 2-1-3 所示，施工现场的沉淀池由专人清扫，并形成清扫记录。

图 2-1-3　沉淀池

3）施工现场设置专用垃圾临时存储间

施工现场设置专用垃圾临时存储间，如图 2-1-4 所示，由安全环保部门负责管理，及时通知环卫部门清理。

图 2-1-4 垃圾临时存储间

（2）施工噪声控制管理

1）噪声标准值（表 2-1-1）

噪声标准值 表 2-1-1

类别	昼间（dB）	夜间（dB）
0	50	40
1	55	45
2	60	50
3	65	55
4	70	55

1 类标准声功能区是指居民区、文教区、居民集中区以及机关、事业单位集中的区域。其执行《声环境质量标准》GB 3096—2008 中的 1 类标准。

2 类标准声功能区是指居住、商业与工业混合区及规划商业区。其执行《声环境质量标准》GB 3096—2008 中的 2 类标准。

3 类标准声功能区是指规划工业区和业已形成的工业集中地带。其执行《声环境质量标准》GB 3096—2008 中的 3 类标准。

4 类标准声功能区是指城市道路中交通干线两侧区域，包括 4a 类和 4b 类。4a 类为高速公路、城市快速路、城市主次干道、穿越城区的内河航道两侧区域，其执行《声环境质量标准》GB 3096—2008 中的 4a 类标准。4b 类为穿越城区的铁路主、次干线和轻轨交通道路两侧区域，其执行《声环境质量标准》GB 3096—2008 中的 4b 类标准。

根据工程所处的位置确定本工程适用于第一类标准。由于本工程紧靠居民区、文教区、居民集中区，为减少对周围居民的噪声污染，将施工噪声控制在昼间＜53dB

（A）、夜间＜40dB（A）。

2）施工现场噪声控制措施

施工产生噪声的机械有搅拌机、挖掘机、发电机、电锯、振动器、混凝土输送泵、起重机、砂轮机、打磨机、剪切机、汽车。

依法施工：向施工地区环保部门申报登记，做到依法施工，并接受环保部门和其他相关部门的监督检查。

施工作业控制：严格控制施工作业时间，严禁在每天的 7～12 时、14～22 时以外的时间使用施工机械施工。若因施工质量要求需连续施工的特殊工序，需向建设主管部门申请办理夜间施工许可证方能进行施工，并严格控制一切噪声。

施工机械设备噪声控制：施工现场的柴油发电机是噪声较大的设备，为使噪声降低到最低，建一间按隔声要求的密封式砖混结构发电机房。混凝土输送泵和其他噪声超量的机械必须安装消声器。

2.2　施工组织的标准化

2.2.1　施工组织设计编制

（1）编制原则

必须遵循工程建设程序，并符合下列原则：

1）符合国家有关法律法规、现行规范，符合地方规程、行业标准的要求。

2）满足建筑施工合同或招标文件中关于建筑工程进度、质量、环境保护、职业健康、安全、工程造价等的要求。

3）积极开发、推广运用新技术、新工艺、新材料、新设备。

4）坚持科学的施工程序和合理的施工顺序，做到资源的优化组织和合理配置，采用流水施工和网络计划的方法，实现均衡施工，努力实现科学、合理的经济技术指标。

5）积极响应国家关于低碳、节能、环保方面的方针、政策，采取先进的技术和管理措施，推广建筑节能和绿色施工。

6）与施工单位质量、环境、职业健康安全、项目管理规范四合一标准的有效结合，贯彻质量、环境、职业健康安全管理等国家管理规范的要求。

（2）编制大纲

施工组织设计按照编制对象，可分为施工组织总设计、单位工程施工组织设计。

施工组织设计应包括编制依据、工程概况、施工部署、施工准备与资料配置计划、施工进度计划、主要施工方法、施工管理措施、施工现场平面布置等主要内容。施工组织设计应以下列内容为主要编制依据：

1）与建筑工程有关的法律、法规和相关文件。

2）现行国家标准、规范和技术经济指标。

3）工程所在地的行政主管部门的管理要求。

4）建筑施工行业相关的质量、环境、职业健康安全管理体系的要求。

5）工程施工合同及招标投标文件。

6）工程设计文件。

7）项目周边环境、现场条件、工程地质和水文、气象等自然条件。

8）与工程项目施工有关的资源供应、生产要素配置情况。

9）施工单位的生产能力、机具设备状况、技术水平等。

2.2.2　安全防护

（1）落实"三宝"防护措施

安全帽、安全带、安全网是"三宝"，施工人员还必须正确使用劳保鞋。

1）进入施工现场的人员必须戴安全帽。安全帽必须符合国家标准；施工人员要正确佩戴，尤其是要系好帽带，防止脱落，在高处坠落或物体打击时起到保护作用。凡是与电有关的作业应该穿绝缘鞋，防止漏电造成人员伤亡。

2）悬空作业人员必须系好安全带。凡在 2m 以上悬空作业，必须系好安全带，有的悬空作业点没有挂安全带的条件，施工负责人应为工人设置挂安全带的安全拉绳、安全栏杆等，并确保高挂低用。

3）高处作业点的下方必须设安全网，必须在高度 4～5m 处设一层固定安全平网，每隔 4 层楼再设一道固定安全网，并同时设一层随墙体逐层上升的安全网。

（2）落实"四口"防护措施

1）凡楼梯口、电梯口、通道口、预留洞口必须设围栏或盖板和架网。混凝土预制楼板的预留洞口可事先预埋钢筋网，安装时设备，剪掉预埋钢筋网即可施工。

2）正在施工的建筑物所有出入口，必须搭设板棚或网席棚，施工人员穿防护鞋，以免被刺伤。棚的宽度应大于出入口宽度，棚的长度应根据建筑物的高度设置为 5～10m。

（3）落实"五临边"防护措施

在施工过程中，尚未安装栏杆的阳台周边、无外架防护的屋面周边、框架工程楼层周边、跑道（斜道）两侧边、卸料台的外侧边、基坑周边等，必须设置 1m 高的双层围栏或搭设安全网。

（4）认真搭设脚手架

在建筑施工中，脚手架是不可或缺的重要工具，一旦脚手架发生故障，极易造成重大伤亡事故，因此，必须认真搭设脚手架。

2.2.3 工程施工

（1）施工条件

1）建设地点气象状况。

2）施工区域地形和工程水文地质状况。

3）施工区域地上、地下管线及相邻的地上、地下建（构）筑物情况。

4）与施工有关的道路、河流等状况。

5）当地建筑材料、设备供应和交通运输等服务能力状况。

6）当地供电、供水、供热和通信能力状况。

7）其他与施工有关的主要因素。

（2）施工部署

根据施工合同、招标文件及本单位对工程管理目标的要求确定。包括：进度、质量、安全和成本等目标；各项目标应满足施工组织总设计中确定的总体目标。

1）进度安排和空间组织

应明确说明主要施工内容及其进度安排，施工顺序应符合工序逻辑关系。施工流水段应结合具体情况分阶段划分，一般包括：地基基础、主体结构、装修装饰和机电设备安装。

2）工程管理的组织机构

应明确工程管理的组织机构形式，以框图形式表示，确定项目经理部的工作岗位设置及其职责划分。

3）施工进度计划

单位工程施工进度计划应按照施工部署的安排进行编制，施工进度计划可采用网络图或横道图表示，并附必要说明。

4) 施工准备与资源配置计划

施工准备包括：技术准备、现场准备、资金准备。技术准备包括：施工所需技术资料的准备、施工方案编制计划、试验检验及设备调试工作计划、样板制作计划。现场准备包括：现场生产、生活等临时设施应根据现场施工条件和工程实际需要准备。资金准备包括：应根据施工进度计划编制资金使用计划。

资源配置计划包括：劳动力配置计划、物资配置计划。其中，劳动力配置计划包括：确定各施工阶段用工量；根据施工进度计划确定各施工阶段劳动力配置计划。物资配置计划包括：主要工程材料和设备的配置计划，根据施工进度计划确定；工程施工主要周转材料和施工机具的配置计划，根据施工部署和施工进度计划确定。

5）主要施工方案

单位工程应按照《建筑工程施工质量验收统一标准》GB 50300—2013 分部、分项工程的划分原则，对主要分部、分项工程制定施工方案，对脚手架工程、起重吊装工程、临时用水用电工程、季节性施工等专项工程所采用的施工方案进行必要的验算和说明。

6）施工现场平面布置

施工现场平面布置的原则：

① 平面布置科学合理，施工场地占用面积小。

② 合理组织运输，减少二次搬运。

③ 施工区域的划分和场地的临时占用应符合总体施工部署和施工流程的要求，减少相互干扰。

④ 充分利用既有建（构）筑物和既有设施为施工服务，减少临时设施的建造费用。

⑤ 临时设施应方便生产和生活，办公区、生活区和生产区宜分离设置。

⑥ 符合节能、环保、安全和消防等要求。

⑦ 遵守当地主管部门和建设单位关于施工现场安全文明施工的相关规定。

施工现场平面布置图的要求：根据工程施工部署，结合施工组织总设计，按不同施工阶段分别绘制施工现场平面布置图；施工现场平面布置图的绘制应符合国家相关标准要求并附必要说明。

施工现场平面布置图的内容：

① 施工场地状况。

② 施工现场的加工设施、存储设施、办公和生活用房等的位置和面积。

③ 布置在施工现场的垂直运输设施、供电设施、供水供热设施、排水排污设施和临时施工道路等。

④ 施工现场必备的安全、消防、保卫和环境保护等设施。

⑤ 相邻的地上、地下既有建（构）筑物及相关环境。

2.2.4　项目管理信息化

（1）无人机倾斜摄影

由于施工范围狭长，跨湖隧道基坑施工周边环境复杂，场地的合理布置及基坑土方开挖的合理组织是工程顺利、如期完成的重要因素。现场三维模型如图 2-2-1 所示。引进无人机倾斜摄影技术，对工程项目周边 200m 内地形地貌、建（构）筑物等进行信息采集，创建三维实景模型，还原周边环境，为合理的场地布置提供重要依据。

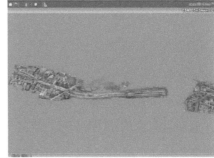

图 2-2-1　现场三维模型

（2）土方开挖量统计

利用无人机倾斜摄影技术精确采集地面标高数据，通过三维实景模型计算土方开挖量，如图 2-2-2 所示。通过分段查询统计，测得土方开挖量的数值，同时，根据设计院提供的地形图及现场地面标高采集数据，制作本工程的基坑槽段模型，得到土方量的计算数值。

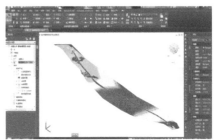

图 2-2-2　计算土方开挖量

（3）数据整合

项目集成图如图 2-2-3 所示。将 BIM 和倾斜摄影模型整合，实现项目数据集成。

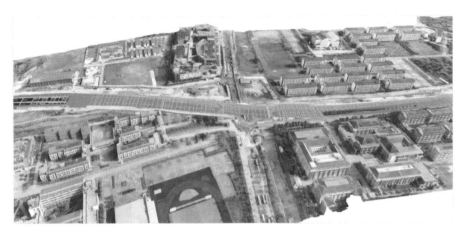

图 2-2-3　项目集成图

（4）BIM 施工管理平台

项目线路长，工程体量大，工期紧，采用分段分区同步施工，项目精细化管理难度大。为提高现场沟通效率，加强现场管控力度，提高项目管理水平，探索新的管理方式，本项目引进鲁班 BIM 施工管理平台，将 BIM 上传至管理平台，通过平台将 BIM 与现场实际施工情况结合，实现对施工进度、质量、安全的精细化管理。

1）资料数据云端管理

将 BIM 上传至 BIM 平台数据云端。管理人员在平台 PC 端及手机端均可自由查看，方便管理人员现场管理。

2）产值统计

现场人员将工程实际进度每天录入汇总，管理人员随时随地观看现场进度，同时，可按月或周进行现场施工产值统计，对现场施工进度进行掌控。

3）进度管理

将工程项目进度计划与模型结合，通过构件级的进度安排，展现项目虚拟生长过程。通过横道图及网络图的展示方式，实时把控项目施工关键节点，为项目进度安排提供整体数据支撑，为项目如期交付提供保障。

4）质量、安全协同管理

现场管理人员直接利用手机将现场发现的质量、安全问题记录上传至平台，并推送给相应负责人，督促其整改反馈，有效提高沟通效率。

　　同时，平台可以统计各个时间段的安全质量问题，便于管理人员定期总结，确保现场施工顺利进行。

2.3　施工管理的精细化

2.3.1　质量管控

（1）事前控制

　　1）根据该建筑工程项目的方位及占地面积，对施工项目所在地的自然条件和技术经济条件进行调查，选择施工技术与组织方案，并以此作为施工准备工作的依据。项目部有针对性地组织施工队伍及相关人员进行施工准备工作，充分发挥组织技术和管理的整体优势，把长期形成的先进技术、管理方法和经验智慧，创造性地应用于工程项目。

　　2）对建筑工程项目所需的原材料质量进行事前控制，是建筑工程项目施工质量控制的基础。要求施工企业在人员配备、组织管理、检测方法，以及手段等环节加强管理，明确所需材料的质量要求和技术标准，尤其是加强对建筑工程项目关键材料如水泥、钢材的控制。对于这些关键材料，要有相应的出厂合格证、质量检验报告、复检报告等，对于进口材料，还要有商检报告及化学成分分析报告，凡是没有产品合格证及检验不合格的材料不得进场，同时，加强材料的使用认证，防止错用或使用不合格的材料。

　　3）做好设计交底和图纸会审。工程开工之前，需识图、审图，再进行图纸会审工作。在建筑工程项目开工前，相关技术人员应认真、细致地分析施工图纸，从有利于工程施工的角度和有利于建筑工程质量的角度提出改进施工图的意见。

（2）事中控制

　　1）施工单位自身的质量控制。首先，保证质量控制的自我检测系统能够发挥作用，要求其在质量控制中保持良好的工作状态。其次，完善相关工序的质量控制，对于影响工序质量的因素，纳入质量控制范围；对重要的和复杂的建筑工程施工项目或者工序设立质量控制点，加强控制。

　　2）进行质量跟踪监控控制。首先，在施工过程中，密切注意在施工准备阶段对影响工程质量因素所作的安排，密切注意在施工过程中是否发生了不利于工程质量的变化。其次，严格检查工序间的交接。对于重要工序和主要工程，必须在规定的时间内检查，确认其达到相关质量要求，才能进行下一道工序。

3）在建筑工程项目施工过程中，对于重要的工程变更或者图纸修改，必须通过相应的审查，在组织有关方面研究、分析、讨论、确认后，才发布变更指令。

（3）事后控制

1）分部、分项工程的验收。第一，对于在施工过程中形成的分部、分项工程进行中期验收。第二，根据合同要求，完成分部、分项工程进行中期验收的同时，还应根据建筑工程项目的性质，按照有关行业的工程质量标准，评定相应的分部、分项工程质量等级。

2）组织单项工程或整个建筑工程项目的竣工验收。在一个单项工程完工或者整个建筑工程项目完成后，施工单位应进行竣工预验收，在预验收合格后，向监理方提出最终的竣工验收申请。

3）当建筑工程质量不符合要求时，应按照要求及时整改。经有资质的检测单位检测鉴定，仍达不到设计要求时，应会同设计单位制定技术处理方案。

2.3.2　风险管理

工程施工风险是指项目施工中影响施工目标实现的各种不利因素可能导致风险事件发生的不确定性。风险特点是损失大、呈多样性，风险重复性又小。因此，施工风险管理难度大，需要运用科学的方法，对施工中潜在的意外损失进行识别、评估，并采取相应的措施，防范风险损失。

（1）施工风险分类

1）组织方面的风险是指施工管理人员、机械操作人员知识、经验和能力的欠缺、不足所引起的风险。这些风险严重影响施工项目质量目标、工期目标、成本目标和安全目标的实现。

2）经济与管理方面的风险。一是招标文件的风险。招标文件作为招标的主要依据，设计图纸、工程质量要求、合同条款，以及工程量清单等都存在潜在的风险。二是市场价格的风险，包括劳动力、材料、设备等，这些市场价格的变化，都存在风险，三是资金供应的风险。四是材料、设备供应的风险，主要表现为工程发包人供应的材料或设备质量不合格。

3）合同签订和履行方面的风险。合同条款不全面、不完善，文字不细致、不严密，致使合同存在漏洞以及存在单方面的约束性、过于苛刻的权利等不平衡条款的霸王条款；发包人资信不良，履约能力差，不按合同约定结算，有意拖欠工程款等；选择分包商不当，遇到分包商违约，不能按质按量按期完成分包工程，影响整个工程的进度或发生经济损失。

4）技术与环境方面的风险：一般是指不可控方面风险，如地质地基条件和异常天气，导致的不可抗力现象，造成工期拖延；施工准备不足，业主提供的施工现场存在周边环境等自然与人为的障碍或"三通一平"等准备工作不足，导致不能正常施工；设计变更或图纸供应不及时；技术规范以外的特殊工艺，由于发包人没有明确采用的标准、规范，在工序过程中又未能较好地协调和统一，影响以后工程的验收和结算；施工技术协调不够，工程施工过程出现与自身技术专业能力不适应的工程技术问题，各专业间存在不能及时协调的困难，影响施工进展等。

（2）施工风险管控保障措施

施工中存在风险很正常，在施工前，对所施工的项目从安全、经济、人员健康、环境等多个方面进行风险辨析、评估，找出风险因素，制定对应措施。

1）施工安全风险

① 组织措施

A. 设安全生产领导小组及安全生产管理机构，配备与项目安全管理相适应的专职、兼职安全管理人员。

B. 由安全管理部牵头，成立专门的安全教育与培训组织机构，负责对全体参建人员进行安全教育与培训。

② 管理措施

A. 严格把关人员资质。"三类人员"均取得安全生产考核合格证书，人员数量、资质满足项目管理和招标文件要求。

B. 全面实行"一岗双责"。对各级管理人员进行安全生产工作绩效评价，强化安全生产责任。

C. 隐患排查治理。成立事故隐患排查治理领导小组，组织项目安全生产风险预评估和项目安全策划，对事故隐患进行定性分析，确定事故隐患等级，制定防范措施和治理方案，建立排查治理档案。

③ 经济措施安全专项费专款专用。建立安全施工及环保风险抵押金的管理制度，健全考核奖惩机制，奖励先进，惩罚落后。各层级均设立安全奖励基金，对各级管理人员实行安全生产工作绩效评价与考核奖惩，强化安全生产责任。

④ 技术措施。技术措施是安全施工管控的重要手段，采取的主要技术措施如下：

A. 制定施工图设计专家审查制度、技术委员会重大方案论证制度，从设计源头预控施工安全风险。

B. 认真分析本项目重大危险源，实行风险动态管理，形成安全风险源清单；对危险性较大的分部分项工程编制安全施工专项方案，组织专家论证审查。

C. 结合施工的每道工序编制《安全操作与安全作业规程》，在每道工序施工前，从管理人员到作业人员都进行详细的安全技术交底。

D. 借鉴国内其他类似项目信息化与管理系统的成功经验，积极引入"第三方监测"，建设集成安全监测、工程信息管理、视频会议、远程监控、指挥功能于一体的工程系统。

2）环境管理风险

环境管理主要风险源为"三废"泄漏、噪声、资源浪费等。应对措施如下：

① 施工现场全封闭管理，对整个场地统一规划，合理布置，施工现场物料堆放紧凑，施工道路按照永久道路和临时道路结合的原则布置，尽量减少临时占地。

② 淘汰不符合能耗标准的设备装置，加强电力调度和电力需求管理，加强交通运输节能，实行节能奖励制度，强化节能目标责任制。

③ 选用低噪声、低振动的机械设备，合理安排施工机械作业时间，因工艺要求必须连续施工，须办理夜间施工许可证。

④ 施工期间产生的高浊度废水、含油污水和生活污水，经在各施工点设置的集水井、沉砂池、化粪池，经沉淀处理，达三级排放标准后排入城市管网。

⑤ 对工地易扬尘位置采取洒水降尘措施，在工地出入口设置清洗车轮设施；运输土石方、建筑垃圾、材料的车辆要密闭，做到无漏撒；临时堆土场要采取压实、覆盖等预防措施，减少施工扬尘对环境的影响。

3）施工成本管控风险

① 人工费控制。提高劳动生产效率，提高机械化施工水平，优化劳动组织，实行专业化作业，全面实行劳动定额，增强职工的危机感和责任感。精简管理层，压缩非生产用工，严格控制施工人员人工费的开支。

② 材料费控制。加强材料预算编审工作，努力降低采购成本；坚持现场材料验收制度，加强预制品定价和现场配套供应。执行限额领料制度，提高周转材料使用"三率"（周转率、完好率、回收率）。

③ 机械费控制。合理配置施工设备，坚持定人、定机、定岗位，提高施工机械

"三率"（完好率、利用率、作业效率）。

④间接费用控制。间接费用控制关键是精简管理层，提倡管理人员兼职，实行可控费用包干，节约费用开支，减少浪费。

4）防灾抗灾风险

①以人为本、科学决策。发生紧急事故时，把保护人身安全作为第一目标，同时兼顾财产安全和环境保护，最大限度地减少突发安全事故造成的人员死亡和伤害，尽量减少事故造成的经济损失。事故处理应结合实际，措施明确、具体，具有很强的可操作性。

②统一指挥、分级负责。紧急事故发生时，相关人员必须服从公司紧急事故处理小组统一指挥，有条不紊、忙而不乱。各应急小组成员必须责任落实到人，各司其职。

③居安思危、预防为主。紧急事故处理应更加注重日常隐患排查与治理工作，将事故消除在萌芽状态。积极做好应对突发安全事故的各项准备工作，把应对安全事故的各项工作落实到日常管理之中。加强基础工作，增强预警分析，提高防范意识，坚持预防与应急相结合，常态与非常态相结合，预防突发安全事故的发生。

5）纠纷预防和处置风险

①纠纷预防和处理体系。成立维稳领导小组，负责施工监督、沟通协调、纠纷预防、处理等维稳工作。项目经理任组长，项目总工程师、项目副经理任副组长，成员由各部门负责人组成。办公室设在项目对外协调部，对外协调部为主责部门，其他部门按相关职能协助、配合。

②纠纷预防和处理原则：和谐稳定、本质预防。优化施工方案，文明施工，坚持以人为本，避免或减少施工对周边环境不利影响及交通管制对周边居民出行的影响，保障周围居民、单位和施工各方合法权益，创造和谐稳定氛围，做到本质预防。积极主动、超前谋划原则：开工前，积极主动与当地街道办、居民、单位及其他相关部门联系，提前协商，采取便民措施，确保施工生产的顺利进行。对于不可避免的干扰及损失，应积极主动与受损方充分沟通，提前协商，采取各方认可的预防措施，依法依规进行补偿。统一协调、协同应对原则：各工区统一协调制度、标准、理念及工作纪律；建立联动协调机制，整合各方面资源，统一指挥，形成反应灵敏、功能齐全、协调有序、运转高效的纠纷预防和处理管理机制。实现资源共享、优势互补、整体配合、协同作战。信息公开、公众监督原则：对于施工对周围产生影响范围，开工前做好公告和公示工作。施工期间及时准确地公告施工状况和第三方监测数据，让居民了解工程进展和安全状况。施工对周边环境产生不利影响，应及时采取避免影响的施工措施。

建立和健全公众参与制度，疏通渠道，积极配合公众、社会、媒体参与对施工单位各种施工行为的监督。

6）交通影响风险

本工程位于市区，施工过程中，采取以下措施保证沿线交通正常：

① 制定交通疏理应急预案，对于施工过程中因特殊情况导致交通受阻的情况，及时启动应急预案，将对沿线交通的影响减至最小。

② 施工时，提前发布施工公告，提醒过往人员及车辆有效避让。

③ 为避免施工车辆占用沿线道路，开辟施工专属便道。

④ 对于施工不得已需破坏的路段，施工完毕后，及时进行路段恢复。

7）管线破坏风险

① 施工前，充分收集相关管线资料，仔细整理管线类型、位置，分析管线特征，确定管线类别。

② 制定管线破坏应急预案，施工时按预案执行。

③ 对设计、测绘单位布设（埋设）的水准点、GPS 控制点、线位控制桩等进行保护，不得随意挪动和损坏。

④ 地下工程施工时应密切关注地下管线的安全。施工前先与总承包单位、物业单位联系，请求他们配合，查明地下管线走向和位置，做到"三不施工"（即不摸清地下设施位置不施工，影响设施正常运转不施工，没采取有效防护措施不施工）。

⑤ 使用电缆探测器和挖探沟等行之有效的手段探明电缆管线的确切位置，做出明确的标志。杜绝在电缆、光缆、管道 3m 内使用大型机械作业。

⑥ 电缆附近规定区域内禁止取土，施工车辆横跨电缆时，要采取保护措施，防止损坏电缆。

⑦ 因施工影响周围构筑物时，制定切实可行的加固、支撑或改移方案，在征得产权单位和建设单位同意后实施，采取措施加强防护，保证其安全使用。

2.4 工程决策管理的信息化

2.4.1 文档管理

工程信息界面如图 2-4-1 所示，将工程的主要信息上传云端，对文档进行数字化管理。

图 2-4-1　工程信息界面

（1）工程信息分类

1）按文件性质及类型分：可行性研究任务书，设计基础材料，设计文件，工程管理文件，施工文件，监理文件，竣工文件，生产技术准备、试运行，机电设备，财务、器材管理，科研项目。

2）按文件来源分：发包单位文件，勘测设计单位文件，监理单位文件，总承包单位文件，施工及安装单位文件，政府文件。

3）按目标及施工过程分：进度，质量，合同及结算，安全环保及其他文件。

4）按文件表现形式分：纸质文档，电子及声像文档。

（2）工程信息管理一般要求

1）所有立卷文件材料应遵循文件材料形成规律和成套特点，保持卷内文件的有机联系，便于保管和利用。发包单位自身形成和收到有关建设项目前期文件、项目管理文件、勘测设计报告、图纸、验收文件等文书类、科技类文件材料应根据文件内容、性质、对象整理立卷；勘测设计、监理单位形成的基础材料和设计、监理文件，在工程内按阶段整理立卷；施工技术文件按单项工程的阶段、专业整理立卷，工程检查验收记录、质量评定及监理文件按单位工程整理立卷。

2）建立联合体信息档案管理制度，设专职信息档案管理人员；明确收发文工作程序及预立卷要求，明确工程档案、资料借阅规定，明确工程文件材料管理职责。

3）分包单位负责收集、整理分包范围内勘测设计、监理、施工的档案资料（一式四份），在分包项目完工时，交总承包单位汇总、整理。

4）归档的文件材料应符合有关档案标准，字迹清楚，图面清晰，用耐久性好的碳素笔书写，传真件属不耐久的字迹材料，应在收文后复印一份归档。

（3）文档管理的具体措施

1）按工程的控制目标将信息分为：合同控制信息、质量安全控制信息、进度控制信息、合同管理信息、技术管理信息，并按招标文件分项划分及编号原则进行编码系统的设置。

2）联合体组织内部通过岗位职责、文档管理制度、常用报表管理制度等规章制度的建立，实现"职能分工明确化、日常业务标准化、报表文件规范化、数据资料完整化和代码化"，并建立作业队→职能部门→决策层的信息反馈系统，向发包单位和监理单位提交《工程实施报告》及其他所要求的信息资料。

3）通过计算机网络实现信息资源共享。以月（周）进度计划协调会、成本分析会、质量安全会，定期对项目的资金、劳动力、技术、设备、材料进行统计、分析，实现项目要素的动态管理，确保决策的及时性和科学性。

4）由总工程师负责，定期向发包单位和监理单位提交《进度计划实施报告》。

2.4.2　进度管理

工程进度查询界面如图 2-4-2 所示。将工程项目进度计划与模型结合，实时把控项目施工关键节点，为项目进度安排提供整体数据支撑，同时，结合下列进度管理措施，为项目如期交付提供保障。

（1）工地例会制度

为协调建设单位、施工单位及承包单位之间的关系，保证信息的及时性、畅通性，从而使工程的进度、质量、投资和安全文明施工等问题得到及时解决，要召开定期例会和专题例会。

1）项目部例会

根据现场施工进展情况，每周至少召开 1 次项目部例会，由项目经理主持，项目部领导班子成员、各部门负责人、工区负责人按时参加，对开会迟到或不到的人员进行处罚。各工区技术负责人汇报上周施工计划、进度等完成情况，主要汇报上周

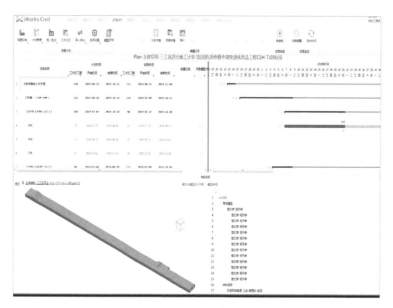

图 2-4-2　工程进度查询界面

计划项目未完成的原因以及拟采取的措施，汇报下周施工计划要点，并提出施工中需协调解决的问题等，在会上进行综合协调，落实责任单位及完成时间。

2）工区例会

根据现场施工进展情况，每周至少召开1次工区例会，由项目工区经理主持，工区技术负责人、技术、试验、测量、安质、施工班组等人员参加，对开会迟到或不到的人员处罚。项目领导班子成员根据工作需要，参加各工区工地例会。

3）工程部例会

根据现场施工进展情况，施工技术部每月至少召开1次工程部例会，由项目技术负责人主持，工程部部长、各工区主管工程师以及各工区施工员必须按时参加，详细汇报近期施工质量管理、进度管理、内业、外业等存在的问题，并共同探讨解决办法。

4）监理例会

会议由现场施工监理部总监或总监代表主持，以监理例会时间为准，由施工单位汇报下一步工程计划，并提出需要协调解决的问题。监理单位对当前施工进度计划完成情况做出综合评价。对存在的问题提出整改要求，并明确责任单位、整改时间。

5）专项施工方案会议

对于一些技术难度大、施工工艺复杂、危险性大的项目需要根据现场实际情况编制专项施工方案，由施工单位组织召开专家论证会。

（2）项目经理讲施工组织设计（简称施组）

为解决施组编制和执行不一致的问题，推动项目管理进步，形成"人人了解施组，人人执行施组，围绕施组开展工作"的管理文化氛围。根据集团公司要求，各在建项目全面开展"项目经理讲施组"活动，活动要求如下：

1）各项目应结合自身特点，全面梳理剩余工程，紧抓关键线路，锁定工期节点目标，对工期滞后工程合理调配施工资源，在施工过程优化、调整施组。

2）项目经理每月对项目管理人员和作业队伍进行施组讲解、交底，对照项目管理目标，合理调配施工资源，做到施工生产均衡、目标可控。项目经理讲施组可采用PPT形式，做到图文并茂。

3）各项目要及时收集整理活动资料，包括录制视频，收集签到表，制作PPT，留档备查。

2.4.3 绩效评价

项目产值统计如图2-4-3所示，现场人员将工程实际产值每天录入汇总，管理人员随时随地关注现场进度，同时，可按月或按周进行现场施工产值统计，对施工绩效进行评价。

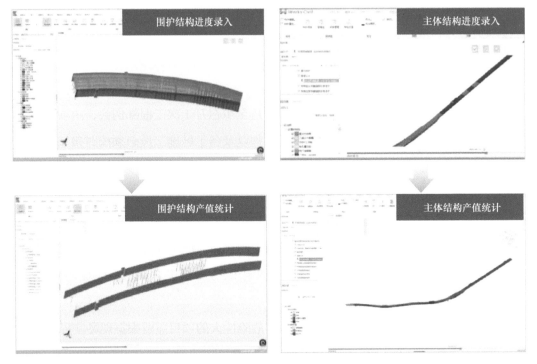

图2-4-3 项目产值统计

2.4.4 安全管理

安全信息汇总界面如图 2-4-4 所示，现场管理人员直接利用手机将现场发现的质量、安全问题记录上传至信息管理平台，并推送给相应负责人，督促其整改反馈，有效地提高沟通效率。安全管理信息化主要包括：

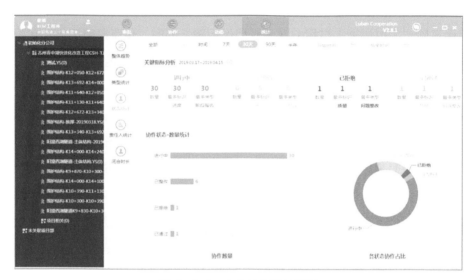

图 2-4-4　安全信息汇总界面

（1）实名制管理信息化

在多种信息化技术的综合运用下，施工项目信息化管理可以通过指纹识别系统和人脸识别系统等，对施工人员进行实名制管理。详细掌握施工人员的入场信息，对其身份进行验证，避免无关人员进入施工现场，带来施工安全隐患。在信息化系统的帮助下，施工人员的身份信息会自动存储到信息库，并支持按项目、按部门、按工种等方式进行查询。在实名制监管系统的应用下，对施工人员进行考勤，并开展相关人力资源管理活动。比如在教育培训方面，通过开展生产培训实名制，确保《中华人民共和国安全生产法》等相关规定的落实，对安全生产教育过程记录，建立培训档案；对相关工作成果考核，以精细化的安全管理信息化替代粗放式的人为管理。在此情况下，提升施工人员的整体素质，并做到特殊工种人员持证上岗，无关人员禁止入场，防止、减少事故发生，提高施工过程的安全性。

（2）设备管理信息化

在各类施工项目中，由机械设备问题引发的安全事故有较高比例，其主要原因是相关人员没有做好机械设备的维护管理工作，许多机械设备自身存在设计缺陷，但没有被发现，或因设备超限使用，导致构件老化，在施工过程中出现问题。机械设备安全事故会引发严重的后果，甚至造成施工人员伤亡，因此，做好机械设备的维护管理和安全检查工作十分必要。在信息化管理技术的应用下，传统的人工维护和检查工作可以由计算机程序完成，采用先进的传感器数据采集装置可以实现对机械设备运行状态的在线监督。通过系统参数计算，及时发现机械设备运行的潜在问题，降低机械设备的使用风险，为机械施工过程的安全性提供保障。同时，也可以采用信息化管理技术对施工现场的电力设备进行安全检查，确保电力设施的稳定运行。

（3）隐患排查信息化

在施工项目中存在多方面安全隐患，可能因人的因素、物的因素或环境因素引发安全生产问题。特别是在一些大型施工项目中，现场施工条件复杂，存在交叉施工作业面，安全风险显著增加。而一般施工人员对岗位操作技能或生产技术不了解，缺乏安全保护意识，容易发生施工安全事故。在传统的现场管理工作中，由于安全监管人员配置不足或安全管理水平不高，且无法兼顾整个作业面，不能及时发现安全生产隐患。在信息化技术的应用下，现场施工监督和场地管理工作均由信息化系统自动完成，管理人员可以在远程控制中心监管整体施工情况，发现问题后，再利用信息管理系统联系现场监管人员，及时纠正违规施工行为，及时整治现场危险源，避免安全事故的发生。

（4）应急救援管理信息化

利用信息化管理技术可以有效地减少由人的因素和物的因素引发的安全生产事故，但在实际生产过程中，还面临着其他不确定影响因素，需要提前制定安全事故应急救援措施，在事故发生时，将损失降至最低。应急救援管理信息系统配置有专家知识库，可以根据安全事故类型，快速检索控制方法，并及时启动应急救援方案，提高应急救援反映速度。另外，应急救援系统提供了多种应急通信方案，管理人员可以通过应急通信系统快速联系现场人员，确定事态发展情况，统计伤亡人数，安排医疗救援、消防救援，确保应急救援行动的高效开展。

复杂环境超深地连墙槽壁坍塌防控技术 **3**

当前，针对各种复杂地质槽壁失稳的研究有很多，但对承压含水层地连墙成槽施工失稳破坏的研究较少。湖区地层主要特点是存在两层粉砂层，且分别存在微承压水和承压水，依据现场实际成槽施工声波检测结果，粉砂层很容易发生槽壁失稳破坏。因此，本章选取湖区围堰施工段地连墙进行数值模拟，首先，采用 ABAQUS 有限元软件对湖区地连墙成槽施工进行数值模拟，分别从考虑承压水作用、空间位置对槽壁侧向变形影响规律进行深入分析，结合现场湖区槽段声波实测验证，并对引起槽壁侧向变形主要影响因素进行相应的参数分析，分析其影响规律。其次，结合苏州春申湖路快速化改造工程地连墙失稳模式进行计算假定，通过极限平衡分析方法对承压水作用下粉砂层地连墙失稳模式进行分析，并结合现场抓槽试验声波实测进行对比验证。最后，分别从地下潜水和承压水对粉砂层槽壁稳定性的影响规律展开分析。

3.1 成槽施工中地连墙槽壁稳定性分析

采用 ABAQUS 限元软件对地连墙成槽开挖过程进行数值计算分析，探究地连墙成槽开挖中槽壁侧向变形规律，并对引起槽壁侧向变形主要影响因素进行相应的参数分析，从而为现场施工参数优化提供一定的理论支撑，为后续承压水作用下粉砂层地连墙成槽开挖失稳模式及机理的研究提供思路。

3.1.1 数值模型计算

（1）有限元模型的建立

图 3-1-1 为春申湖隧道地连墙施工现场。结合湖区地连墙现场实际施工状况，选

图 3-1-1 春申湖隧道地连墙施工现场

取湖区段地连墙进行分析。基于对称原理，模型采用 1/4 地连墙实际尺寸进行建模分析，考虑模型的边界尺寸效应，三维模型尺寸取 60m×60m×90m，沿着槽段的厚度和长度的中垂面切割。数值模型中地连墙的尺寸为：长度 3m、深度 45m、厚度 0.6m。模型中沿着槽段厚度方向为 x 方向，沿着槽段长度方向为 y 方向，沿着槽段深度方向为 z 方向。

图 3-1-2 为地连墙槽段成槽施工的三维网格划分图，图中模型是采用孔隙流体 / 应力耦合的 C3D8P 八节点六面体单元，土体采用摩尔—库仑模型，数值模拟将导墙设置为在地应力平衡之前就已经存在，导墙采用线弹性单元，图 3-1-3 为导墙网格划分图。计算模型共有 25392 个实体单元，28224 个节点。计算模型尺寸为 60m×60m×90m。边界条件设置：两个对称面为 $x=0m$ 和 $y=0m$，采用对称约束，$y=60m$ 平面约束 y 方向位移，$x=60m$ 平面约束 x 方向位移，底面约束三个方向位移。地面为自由面，保证模型的竖向变形不受边界条件约束。模型平面俯视图如图 3-1-4 所示。孔压边界条件为侧面和底面默认为不透水面，水位浸润面孔压为零，底面孔压根据浸润面以下土层深度呈现线性分布，但由于粉砂层中存在承压水，需对潜水层和承压含水层分段设置孔隙水压力，从而更准确地模拟现场实际的孔隙水压力分布情况。

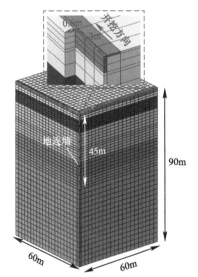

图 3-1-2 地连墙槽段成槽施工的三维网格划分图

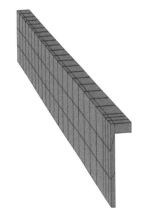

图 3-1-3 导墙网格划分图

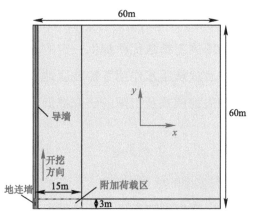

图 3-1-4 模型平面俯视图

（2）力学计算参数

依据现场地质勘测结果，沿线场地地表下 90m 地基土除填土外，其余为第四系滨海、第四系河泛、河床相沉积物，一般由黏土、粉质黏土以及粉砂土组成。具体的地层分布横剖面见图 3-1-5，土层和导墙物理力学参数见表 3-1-1。湖区段地下水较丰富，潜水水位在地下 2m，且④₂粉土夹砂层和⑥₃粉土夹砂层分别存在微承压水和承压水，微承压水水头标高 1m，承压水水头标高 -2m，地下水渗流作用明显。

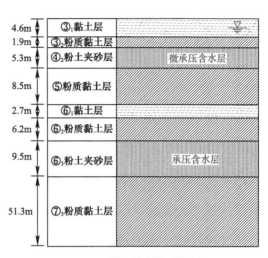

图 3-1-5 湖区槽段地质横剖面图

土层和导墙物理力学参数 表 3-1-1

土层名称	层厚（m）	重度（kN·m⁻³）	弹性模量（MPa）	泊松比	黏聚力（kPa）	内摩擦角（°）	渗透系数（m·s⁻¹）
③₁黏土层	4.6	19.7	25.6	0.31	55.9	15.5	2.0×10^{-9}
③₂粉质黏土层	1.9	19.3	19.2	0.35	32.2	13.8	4.0×10^{-8}
④₂粉土夹砂层	5.3	18.8	30.8	0.31	8.6	24.3	1.04×10^{-5}
⑤粉质黏土层	8.5	18.9	30.9	0.35	24.7	13.2	8.0×10^{-8}
⑥₁黏土层	2.7	19.7	48.8	0.31	54.8	15.3	8.0×10^{-9}
⑥₂粉质黏土层	6.2	19.2	37.7	0.33	32.9	13.8	5.0×10^{-8}
⑥₃粉土夹砂层	9.5	19.6	61.2	0.31	8.0	25.1	1.0×10^{-5}
⑦₃粉质黏土层	51.3	19.0	67.9	0.33	26.3	14.2	3.0×10^{-8}
导墙	—	24.5	30000	0.2	—	—	0

实际中，土层中的渗流场和应力场并不是完全独立存在的，相反，两者之间存在紧密的联系：当渗流场发生变化，土层中的孔隙水压力重新分布，造成土层应力的变化；而当土层应力场发生变化时，会使土层中的孔隙比发生变化，进而影响土层的渗透特性（如渗透速度和流量发生变化），渗流场发生改变。因此，为准确分析稳定渗流下成槽开挖中土层的变形规律，使用 ABAQUS 软件模拟必须要考虑渗流和应力耦合。ABAQUS 软件是通过设置孔隙水压力和相应的荷载进行水的渗流和土体应力的耦合分析，孔隙水的属性主要通过渗透系数和孔隙比进行设置，而静水压力作用则通过设置

浸润面和底面的孔隙水压力自动生成线性分布孔隙水压力，最终结果可以通过设置孔隙流体/应力进行应力计算。

（3）模型计算步骤

本章重点研究地连墙在成槽过程中槽壁坍塌机理，而地连墙的塌槽绝大多数情况下发生在成槽开挖和泥浆护壁阶段。在混凝土浇筑阶段，混凝土的重度大于土体的重度，槽段内的混凝土会向槽壁外侧挤压土体，减小槽壁向槽内变形，槽壁稳定性得到提高，在此阶段，槽壁基本不会发生塌槽。因此，数值建模中主要对土体成槽开挖和泥浆护壁过程中槽壁侧向变形规律进行研究，具体模拟步骤如下：

1）地应力平衡

对地层进行初始应力场计算，在模型中考虑导墙，计算土体的初始自重应力场，并通过导入 ODB 文件清除自重应力所产生的位移及应力场，进行地应力平衡，保证初始位移值尽可能小于 1×10^{-5} m，在此基础上进行地连墙成槽开挖模拟。

2）成槽开挖

土体成槽开挖存在明显的卸荷作用，使用 ABAQUS 软件采用生死单元法进行土体开挖步骤模拟，地连墙开挖深度为 45m，分三步由上向下成槽开挖，每步开挖深度为 15m。

3）泥浆护壁

土体成槽开挖后，立即灌注泥浆进行护壁。泥浆护壁作用主要体现在两方面：一方面在槽壁表面形成微透水泥皮；另一方面泥浆压力会通过泥皮间接作用在槽壁土体上，会在槽壁和槽底产生静水泥浆压力。由于泥皮弹性模量较小、较薄，主要起隔水作用，因此，数值模拟中未考虑泥皮的作用。ABAQUS 模拟主要通过在槽底和槽壁四周区域单元表面赋予压强，模拟泥浆护壁压力，泥浆护壁压力呈现线性分布规律，可以通过线性公式计算，泥浆护壁压力分布图如图 3-1-6 所示，图中，γ_b 为泥浆重度，取 11kN/m³；z 为泥浆深度。

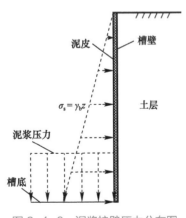

图 3-1-6　泥浆护壁压力分布图

3.1.2　槽壁稳定性结果分析

（1）有限元渗流场分析

图 3-1-7（a）为开挖前初始孔隙水压力分布云图，图 3-1-7（b）为开挖后孔

隙水压力分布云图，初始水位在地下 2m。由云图可知，槽壁渗流的浸润面即为孔隙
水压力为零的界面，开挖前后孔隙水压力分布发生变化。地连墙成槽开挖后，槽底孔
隙水压力为零，槽底附近孔隙水压力变化较大，孔隙水压力分布曲线大致呈漏斗状。
图 3-1-8 为孔隙水压力沿土层深度分布图，由图可知，由于该地层中在上粉砂层和下
粉砂层中存在微承压水和承压水，且微承压水水头为 1m，而承压水水头为 -2m，与潜
水面齐平，因此，图 3-1-8 中微承压含水层孔隙水压力比邻近层凸出一部分，说明该
层孔隙水压力比邻近层的孔隙水压力大，而承压含水层无突变。

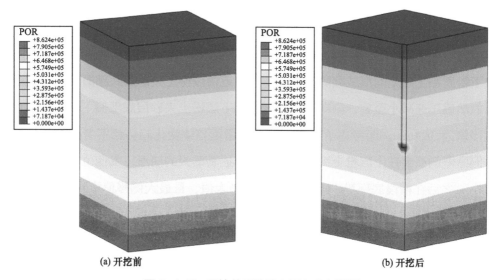

(a) 开挖前　　　　　　　　　　　　　　　(b) 开挖后

图 3-1-7　开挖前后孔隙水压力分布云图

　　图 3-1-9 为成槽开挖后孔隙水有效渗透速度矢量图。由图中可知，孔隙水流主要
集中在槽壁底端附近，说明渗流力在槽壁底端出现集中现象，在下粉砂层出现流线聚
集，且流线较长，流线由槽壁外侧向槽壁内
侧移动，由此说明该土层流速过快，产生的
渗流力较大，对槽壁的冲击较大，而该土层
渗流力较大是由于粉砂层渗透系数较大，且
靠近槽段底端。

（2）承压水作用对槽壁侧移影响分析

　　为了模拟真实地层中承压水的影响，数
值模拟分别对不考虑承压水和考虑承压水两
种情况进行对比分析，图 3-1-10（a）为不

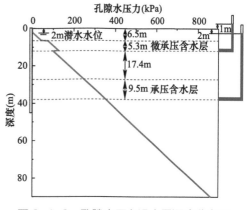

图 3-1-8　孔隙水压力沿土层深度分布图

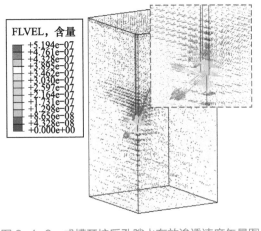

图 3-1-9 成槽开挖后孔隙水有效渗透速度矢量图

考虑承压水时的槽壁侧移变形云图，图 3-1-10（b）为考虑承压水槽壁侧移变形云图，图 3-1-11 为两种情况下的槽壁侧移对比分析图。由图所知，不考虑承压水对土体的作用时，槽壁侧向位移沿深度整体呈现随深度增大而增大，但在中间会出现两个小的峰值点，这是由于⑥₁黏土层的黏聚力比相邻的粉质黏土层大，且弹性模量也较相邻的大，侧向变形比相邻粉质黏土层小，因此会

在上下粉质黏土层之间形成突降。另外，在接近槽段粉土夹砂层底部时侧向位移达到最大值然后迅速减小至零，侧向位移最大值在下层粉土夹砂层底部偏下一点处，且最大侧移值为 38.4mm。而考虑承压水作用时，槽壁整体变化趋势和不考虑承压水时相近，但槽壁侧移会在上层粉土夹砂层呈现局部显著增大的情形，其他位置也会出现微小增大，之后在槽段底部粉土夹砂层处呈现最大值，且最大侧移值为 39.6mm，这是由于考虑承压水会造成粉土夹砂层的渗流力增大，进而使粉土夹砂层的侧向变形增大。

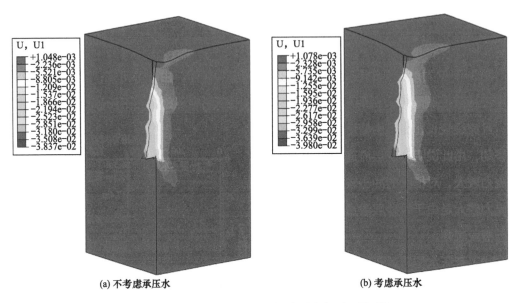

(a) 不考虑承压水   (b) 考虑承压水

图 3-1-10 承压水作用对槽壁侧移变形云图对比

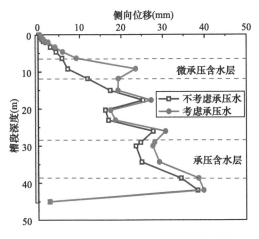

图 3-1-11 两种情况下槽壁侧移对比分析图

图 3-1-12 为不考虑承压水作用的等效塑性变形云图，图 3-1-13 为湖区槽段地连墙超声波检测图。由云图可知，不考虑承压水时，槽壁在底部存在明显的塑性破坏区。通过湖区槽段地连墙超声波检测图可知，湖区地连墙施工在底部⑥₃粉土夹砂层出现滑塌，而数值模拟结果显示槽壁最大侧移在槽深 40m 左右，槽壁等效塑性显著影响区域为 28～38m，该区域所处土层为粉土夹砂层，与超声波实测滑塌区域基本一致。超声波实测槽段④₂粉土夹砂层没有出现明显滑塌区域，是由于地连墙在正式施工前已经对④₂粉土夹砂层采用减压降水措施，降低微承压水水头高度，槽段超声波检测图基本与

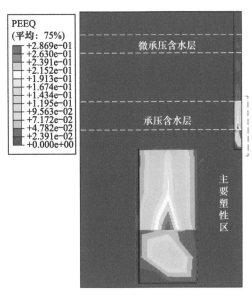

图 3-1-12 不考虑承压水作用的等效塑性
变形云图

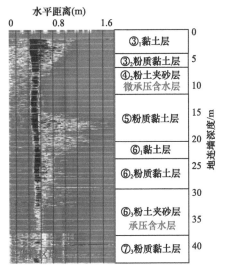

图 3-1-13 湖区槽段地连墙超声波
检测图

不考虑承压水时槽壁侧移变化图相吻合。由此说明，承压水对地连墙成槽施工影响很大，在实际施工中，承压水的影响一定不能被忽视。实践证明，对于高承压水水头地连墙成槽施工导致槽壁坍塌，采用槽壁外减压降水措施补救是非常有效的。

（3）槽壁侧移的空间影响分析

图3-1-14为槽壁侧移提取路径示意图。在考虑承压水的情况下，为分析深度方向槽壁侧向位移的变形规律，先分别提取距槽壁中垂面距离 $y = 0m$、$y = 0.5m$、$y = 1m$、$y = 1.5m$、$y = 2m$、$y = 2.5m$ 和 $y = 3m$ 处槽壁侧向位移值，绘制槽壁侧向位移沿深度的变化曲线（负值表示向槽段内侧变形），图3-1-15为距槽段中垂面不同距离处槽壁侧移影响对比图，图3-1-16为槽壁空间三维侧移云图。由图3-1-15和图3-1-16可知，距槽段中垂面不同距离处槽壁侧向位移沿深度的变化规律是一致的，在粉土夹砂层和接近槽段底部处出现最大侧向位移，而靠近地面的槽壁侧向位移很小，说明导墙的存在很大程度上约束了地表槽壁的侧向变形，中垂面处槽壁侧移最大，随着离槽段中垂面的距离增大，槽壁的侧向位移逐渐减小，且变化速度随着距离的增加不断增大。靠近槽段两侧和槽底侧移变化较为迅速，且在槽段两侧和底部位置侧移较小，由此说明，考虑三维空间效应的影响，土拱效应在槽段两侧及底部作用较为明显。

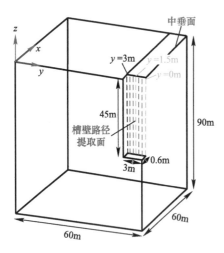

图3-1-14 槽壁侧移提取路径示意图

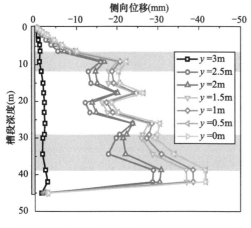

图3-1-15 距槽段中垂面不同距离处槽壁
侧移影响对比图

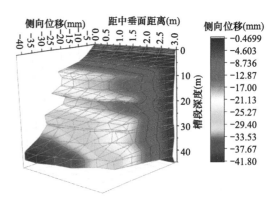

图3-1-16 槽壁三维侧移云图

3.1.3 槽壁稳定性影响参数分析

（1）地下水对槽壁侧移的影响

1）承压水水头对槽壁侧移的影响

图 3-1-17 为不同承压水水头对槽壁侧移影响对比图。通过同时改变上下两层承压水水头的高度进行槽壁侧移影响对比分析，图中曲线 $\Delta h_1 = 0m$ 表示在上下两承压含水层实际的水头高度下槽壁侧移沿深度的变化，此时 $h_{1上} = 1m$、$h_{1下} = -2m$，其他曲线都是针对实际值进行变动所得。由图可知，承压水水头对粉砂层槽壁侧移影响很大，随着承压水水头的增大，粉砂层的侧移不断增加，增长速度先慢后快，但承压水水头的变化对其他黏性土层影响较小。当承压水水头变化值 $\Delta h_1 = 1m$ 时，$h_{1上} = 2m$、$h_{1下} = -1m$，槽壁侧移值最大，最大值为 45.4mm。当承压水水头变化值 $\Delta h_1 = -3m$时，$h_{1上} = -2m$、$h_{1下} = -5m$，槽壁最大侧移值最小，最小值为 43.9mm。因此，在承压水水头较高的地层进行成槽开挖时，一定不能忽视承压水对粉砂层成槽开挖的影响，工程中尽可能在承压水水头较低的季节施工，如遇工期紧急，在地连墙正式成槽施工前，应进行必要的减压降水措施，降低承压水水头高度，避免粉砂层在高承压水水头作用下发生局部失稳破坏。

2）地下水水位对槽壁侧移的影响

图 3-1-18 为地下水水位对槽壁侧移影响对比图。由图中可知，地下水水位对槽壁侧移的影响较为明显，尤其是粉土夹砂层的侧移变化量明显比其他土层小，因为粉土夹砂层存在承压水，而承压水水头和潜水水头往往是独立存在的，潜水水位变化一般不会

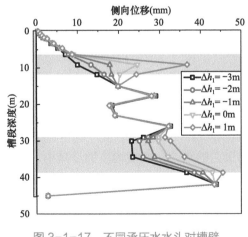

图 3-1-17 不同承压水水头对槽壁
侧移影响对比图

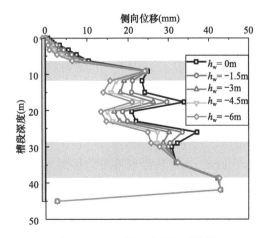

图 3-1-18 地下水水位对槽壁
侧移影响对比图

影响承压水水头的变化，从而几乎不会改变粉土夹砂层侧移。另外，地下水水位对粉质黏土层侧移影响较大，随着地下水水位的下降，粉质黏土层的最大侧移在不断增大，地下水水位在 0m 时侧移最大，最大值为 42.9mm。可见，地下水水位过高对槽壁稳定性影响较大。因此，对于湖区地连墙进行围堰施工，一定要采取必要的降水措施，降低槽壁两侧的地下水水位至一定深度，才能保证粉土夹砂层在成槽施工中不会出现失稳破坏。

（2）粉砂层抗剪强度参数对槽壁侧移影响

1）粉砂层内摩擦角对槽壁侧移影响

图 3-1-19 为粉砂层内摩擦角对槽壁侧移影响对比图。图中曲线 $\Delta\phi = 0°$ 表示上下粉砂层取地层实际值时槽壁侧移随深度变化，此时 $\phi_{上} = 24.3°$、$\phi_{下} = 25.1°$，其他曲线都是针对实际值进行变动的。从图中可以看出，改变粉砂层的内摩擦角只对邻近土层产生影响，对较远的土层侧移几乎不产生影响，当上下粉砂层的内摩擦角变化值 $\Delta\phi = -10°$ 时，$\phi_{上} = 14.3°$、$\phi_{下} = 15.1°$，上下粉砂层槽壁侧移最大。随着内摩擦角的不断增大，槽壁的侧移逐渐减小，起初最大侧移变化大，当内摩擦角达到一定程度，侧移变化就变得较小。由此说明，内摩擦角对槽壁有很强的稳定作用，当粉砂层中存在承压水时，承压水会加速土粒流动，会对土的抗剪强度产生削弱作用，从而在一定程度上降低了土层的内摩擦角，使槽壁稳定性降低。因此，当遇到软弱土层时，可以采用局部加固措施，如局部冻结，可适当提高土体的强度，进而提高槽壁稳定性。

2）粉砂层黏聚力对槽壁侧移影响

图 3-1-20 为粉砂层黏聚力对槽壁侧移影响图，通过改变上下两层粉砂层黏聚力进行槽壁侧移影响对比分析，图中 $\Delta c = 0kPa$ 曲线表示上下粉砂层取实际值时槽壁侧移沿深度变化，即 $c_{上} = 8.6kPa$、$c_{下} = 8kPa$，其他曲线都是针对实际值进行改变而得到。从图中可以看出，改变黏聚力也是对邻近土层产生影响，而对较远土层几乎不产生影响。黏聚力越小，槽壁侧移越大，当黏聚力变化值 $\Delta c = -4kPa$ 时，此时，$c_{上} = 4.6kPa$、$c_{下} = 4kPa$，上下粉砂层槽壁侧移最大，随着黏聚力的增大，槽壁侧移稳步减小，但变化幅度都相对较小。由此说明，黏聚力对槽壁稳定性也发挥着重要作用，当土层中含有承压水时，承压水可能会对内摩擦角和黏聚力都产生削弱作用。因此，当承压水水头过高时，必须要采取措施降低承压水水头，降低承压水的影响，从而提高地连墙成槽稳定性。

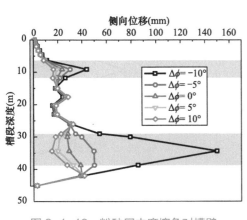

图 3-1-19 粉砂层内摩擦角对槽壁
侧移影响对比图

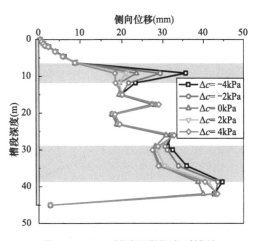

图 3-1-20 粉砂层黏聚力对槽壁
侧移影响图

（3）泥浆对槽壁侧移影响

1）泥浆重度对槽壁侧移影响

图 3-1-21 为泥浆重度对槽壁侧移影响图，由图可知，不同泥浆重度下的槽壁侧移变化趋势基本一致，泥浆重度对槽壁侧移影响表现出随泥浆重度的增大而减小，且变化趋势也是先快后慢。实际上，泥浆护壁作用主要体现在泥浆对槽壁的静水压力，而静水压力与泥浆重度呈线性增长，因此，为了提高槽壁稳定性，可以通过适当增加泥浆重度增大槽壁侧向静水压力，但泥浆重度也并不是越大越好，同时还要考虑混凝土的浇筑难易程度和沉渣厚度等影响。

2）泥浆液面高度对槽壁侧移影响

图 3-1-22 为泥浆液面高度对槽壁侧移影响图，由图可知，泥浆液面高度（h_s）对槽壁侧移影响表现出随泥浆液面高度的增加而减小，且变化趋势也是先快后慢。此外，含微承压水的粉砂层侧移对泥浆液面高度变化最敏感，粉质黏土层随泥浆液面高度侧移变化较小，说明泥浆液面高度的控制对预防粉砂层局部失稳效果较好，适当提高泥浆液面高度可以有效地提高粉砂层局部稳定性。实际上，随着地连墙成槽静置时间的增加，泥浆会发生絮凝沉淀，泥浆液面高度会不断下降。因此，在成槽施工中，应时刻关注泥浆液面高度的变化，及时补浆，确保泥浆液面高度和地下水水位保持一定高度，从而降低粉砂层发生局部失稳的可能性。

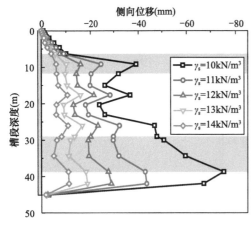 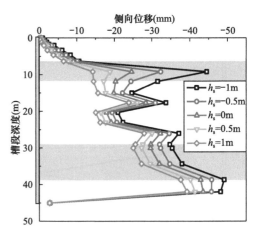

图 3-1-21 泥浆重度对槽壁侧移影响图   图 3-1-22 泥浆液面高度对槽壁侧移影响图

3.2 地连墙槽壁失稳模式及稳定性分析

通过上一章对槽壁侧移分布规律的分析，初步了解承压水作用对槽壁侧移的重要影响，本章结合地连墙失稳模式进行计算假定，首先，通过极限平衡分析方法对承压水作用下粉砂层地连墙失稳模式进行分析，其次，结合现场抓槽声波试验实测进行对比验证，最后，分别从地下潜水和承压水对粉砂层槽壁稳定性的影响规律展开分析。

3.2.1 槽壁失稳影响因素分析及风险辨识

地连墙成槽施工安全问题已经引起工程界的广泛关注，但其在复杂地质条件下的施工依然存在成槽易塌的问题。目前，对于复杂环境的成槽施工尚缺乏科学的理论指导，而导致这些槽壁失稳坍塌的主要原因是土层地质差、地下水水位较高、护壁泥浆有质量缺陷。可见，在地连墙成槽施工过程中了解相关因素对槽壁稳定性的影响机理尤为重要，也直接影响工程安全和进度。

湖区地连墙施工需要进行穿湖围堰施工，湖中水文地质极其复杂，承压水作用下粉砂层成槽难度较大，极容易发生槽壁坍塌，从而引发后续工程的安全和质量问题，比如由局部塌槽引发的墙体漏筋等问题。

对于槽壁稳定性有从整体和局部失稳模式的角度对其分析，也有不少学者从失稳影响因素对槽壁的稳定性进行分析。如图 3-2-1 所示，列出了槽壁失稳的影响因素，其中红色方框内容为槽壁失稳的主要因素。

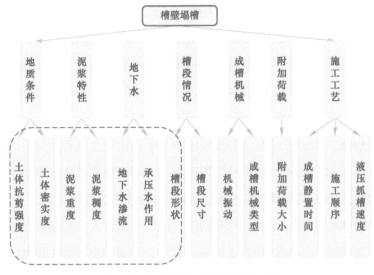

图 3-2-1 槽壁失稳影响因素分析

3.2.2 地连墙槽壁失稳模式

地连墙的施工过程可以分为多个阶段，主要阶段有成槽土体开挖、泥浆护壁、混凝土浇筑，以及混凝土凝结硬化成墙阶段，但槽壁失稳主要发生在成槽开挖和泥浆护壁阶段。在刚开始开挖阶段，由于土体开挖引起土体中水平应力的释放，导致槽壁周围土体的体积变形和剪切变形，从而引起周围土层产生较大的水平位移，当位移达到一定的幅值便会产生槽壁坍塌现象。随着护壁泥浆的灌入，泥浆会对槽壁起到一定的支撑作用，但随着静置时间的推移，泥浆会发生絮凝沉降，泥浆的重度和液面可能都会下降，导致泥浆对槽壁的护壁作用大大降低，不能有效发挥护壁作用，导致槽壁发生塌槽。在地连墙成槽开挖和泥浆护壁的过程中，槽壁稳定性存在明显的时间效应，槽壁静置时间对槽壁稳定性的影响很大，静置时间对槽壁稳定性的影响主要体现在两个方面：一方面，泥浆会随静置时间的增长慢慢发生絮凝沉降，泥浆重度出现一定程度降低，进而降低泥浆的护壁作用；另一方面，随静置时间的增长，土层中的超负孔隙水压力会慢慢消散，槽壁侧方的土体会发生一定程度的位移，槽壁的稳定性会明显降低。因此，在地连墙成槽施工中应尽量缩短槽壁静置时间，成槽结束后及时吊放钢筋笼及浇筑混凝土，减小槽壁坍塌的风险。此外，成槽开挖槽壁周围地基土在空间上存在明显的土拱效应，会抵消部分主动土压力，进而提高槽壁的稳定性。

承压水作用下粉砂层的成槽失稳类型：

地连墙在复杂地质成槽施工过程中经常发生槽壁失稳坍塌，不同地质的槽壁失稳形态往往不同，承压水作用下粉砂层成槽施工无疑是复杂地质的一种，并且也是容易发生失稳的地质情况之一。经过大量文献和资料的调研，失稳形态与土层性质及分布、地下水以及施工机械和工艺的选择都有紧密关系。对于承压水作用下粉砂层地连墙成槽失稳类型一般可分为粉砂层局部失稳、粉砂层整层失稳、整体滑动失稳三种形态。下面就三种形态进行展开分析，揭示它们之间的内在联系。

地连墙成槽施工是动态过程，它在成槽施工中经常发生失稳破坏，当土层中存在粉砂层且有承压水时，土体容易先发生局部坍孔，继而坍孔范围不断扩大，最终会由局部坍孔过渡到大面积的整体滑动失稳。整个失稳破坏过程可分为三个阶段，首先，成槽土体开挖导致粉砂层土体出现局部剥落，由此槽壁进入失稳破坏的第一阶段，出现小范围局部失稳破坏，如图 3-2-2 所示。其次，随着静置时间的增加，槽壁破坏区域继续增大，槽壁进入失稳破坏的第二阶段，破坏区域的范围会进一步扩大，整个粉土夹砂层出现整层滑动破坏，即为粉砂层整层失稳破坏，如图 3-2-3 所示。最后，粉砂层整层失稳破坏会不断延伸至上覆土体，导致上部土体失稳破坏，失稳破坏的范围持续增大，槽壁进入失稳破坏的第三阶段，槽壁土层出现跨多层大范围的整体滑动失稳破坏，如图 3-2-4 所示。而在实际地连墙施工中，槽壁失稳破坏第三阶段又可分为两种形态，一种是当粉砂层的上覆土层厚度较浅，粉砂层整层失稳区域会沿着上覆土层一直延伸至地表，槽壁出现滑动体沿地表整体滑动失稳，如图 3-2-4（a）所示。另一种形态是当粉砂层的上覆土层厚度较深时，槽壁出现在上覆土层一定深度范围内整体滑动失稳，如图 3-2-4（b）所示。综上分析，承压水作用下粉砂层失稳破坏是一个渐进发展过程，三种失稳类型对应三个不同发展阶段，槽壁失稳破坏起于粉砂层局部坍孔，终于槽壁整体滑动失稳。

大量研究表明，导致槽壁局部失稳的因素有很多，粉砂层一般是前提条件，粉砂层还存在一定水头高度的承压水，就会进一步降低该土层的抗剪强度，从而降低槽壁的稳定性。当上述粉砂层在液压抓斗反复抓土产生的冲击力的作用下，就会使粉砂土粒脱落，从而在粉砂层发生局部土体凹陷的局部失稳。除上述因素外，泥浆性能对粉砂层发生局部失稳的影响十分重要。由于不同配合比泥浆形成的泥皮厚度以及重量是不同的，而泥皮的主要作用是在槽壁表面形成一层致密的保护膜，隔离槽内泥浆和槽外地下水渗透。此外，泥浆的护壁压力一般是直接作用在泥皮上，从而间接作用在槽壁上，致密性能好的泥皮能在一定程度上阻止粉砂层土粒剥落，较大程度降低粉砂层发生局部失稳的可能性。研究表明，当泥浆液面较低，且低于地下水水位时，或地表

土层上作用较大的附加荷载时，槽壁侧方浅层土体往往出现整体失稳破坏。因此，在
实际成槽施工中应尽量提高泥浆液面，降低地下水水位，增大泥浆和地下水的压力差，
达到提高槽壁稳定性的作用。另外，在成槽过程中应避免成槽机等大型施工器械靠近
槽壁，减小槽口表层土体上的附加荷载，防止槽壁发生整体失稳破坏。

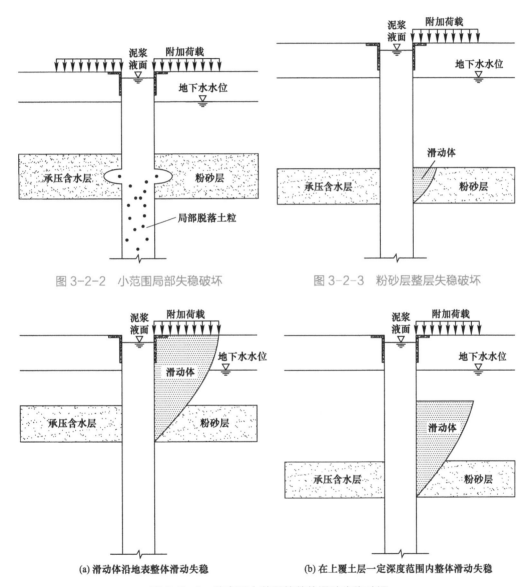

图 3-2-2　小范围局部失稳破坏　　　　　图 3-2-3　粉砂层整层失稳破坏

(a) 滑动体沿地表整体滑动失稳　　　　　(b) 在上覆土层一定深度范围内整体滑动失稳

图 3-2-4　跨多层大范围的整体滑动失稳破坏

3.2.3　粉砂层槽壁稳定性理论分析

（1）承压水作用下粉砂层槽壁失稳计算模型

图 3-2-5 为湖区槽段超声波监测图。槽壁局部失稳首先出现在粉土夹砂层，破坏

区形状呈楔形体滑动破坏。失稳破坏区域位于粉土夹砂层，该土层存在一定水头高度的承压水，从而导致该土层出现局部失稳。粉土夹砂层含有微承压水却没有发生局部失稳破坏，是由于湖区槽段在成槽施工前采取了减压降水措施，降低了粉土夹砂层的微承压水水头高度。因此，该土层超声波检测图显示槽壁较为平整，无明显失稳破坏。由此得出，粉土夹砂层在承压水的作用下槽壁容易发生局部失稳破坏，且破坏区域形状表现为楔形滑动体沿着某个滑裂面出现滑动破坏。

地连墙施工需要穿越粉砂层，且粉砂层存在承压水时，护壁泥浆的压力不足以平衡侧向的土压力和水压力的合力，会导致粉砂层槽壁出现局部失稳坍塌。本节依据上述实际工程中承压水作用下粉土夹砂层破坏形状，从整层失稳破坏的角度对槽壁进行稳定性力学分析，一般认为粉砂层整层破坏是槽壁整体破坏的前提，考虑地层中存在粉砂层且含有承压水的情况，滑动体破裂面形状一般为椭圆面，为了简化计算分析，假定粉砂层在承压水的作用下槽壁失稳破坏的形状为三角楔形滑动体，为此建立粉砂层槽壁失稳破坏的剖面图，如图 3-2-6 所示。图中，粉砂层上有 n 层土，第 i 层土的重度、黏聚力、内摩擦角分别为 γ_i、c_i、φ_i ($i=1\sim n$)，粉砂层有效重度为 γ_0'，粉砂层厚度为 d_0，泥浆重度为 γ_s，泥浆高度为 h_s，地下水重度为 γ_w，地下水高度为 h_w，承压水水头高度为 h_1。

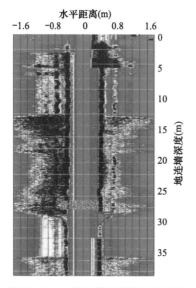

图 3-2-5 湖区槽段超声波监测图

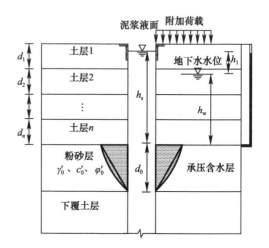

图 3-2-6 粉砂层槽壁失稳破坏的剖面图

（2）槽壁稳定性极限平衡分析

图 3-2-7（a）为粉砂层整层失稳计算示意图，滑动体 ABCDEF 高度为 d_0，滑动体长度为槽段长度 L，滑动体滑裂面角度为 θ，取 $\theta=45°+\varphi_0'/2$。取图 3-2-7（a）失稳

计算示意图中滑动体 ABC 进行受力分析，根据槽壁实际受力状态建立平面受力分析图，如图 3-2-7（b）所示。图 3-2-7（b）中，Q 为地面附加荷载和上覆土层的合力，G 为滑动体的自重，P_s 为护壁泥浆压力的合力，P_w 为地下水压力的合力，T_1 和 N 为滑动面 ACFD 上切向合力和法向合力，T_2 为滑动体两侧面 ABC（DEF）上土体黏聚力合力。

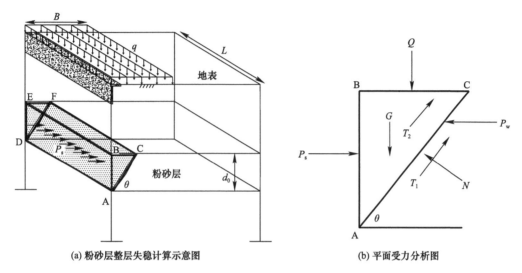

(a) 粉砂层整层失稳计算示意图　　　　(b) 平面受力分析图

图 3-2-7　地连墙槽壁失稳计算图示

滑动体 ABCDEF 的自重 G 见式（3-1）。

$$G = \gamma_0' \cdot V_{ABCDEF} = \frac{1}{2}\gamma_0' d_0^2 L \cot\theta \qquad (3-1)$$

式中，γ_0' 为粉砂层的有效重度；V_{ABCDEF} 为整个滑动体的体积。

作用在地面附加均布荷载为 q，根据相关规程对地面附加荷载引起附加竖向应力标准值计算公式进行 BCFE 面上平均附加竖向应力的计算，从而求出地面附加荷载作用下在 BCFE 面上产生的合力 Q，见式（3-2）。

$$Q = (\sigma_{ave} + \gamma_m d - \gamma_w h_w) \cdot L d_0 \cot\theta \qquad (3-2)$$

式中，σ_{ave} 为地面附加荷载引起的平均附加竖向应力；γ_m 为上覆土层加权平均重度，$\gamma_m = (\gamma_1 d_1 + \cdots + \gamma_n d_n)/(d_1 + \cdots + d_n)$，$d$ 为上覆土层的总厚度；γ_w 为水的重度；h_w 为水的高度。

作用在滑动体上泥浆压力分布呈梯形分布，如图 3-2-8 所示。根据梯形面积公式可求出作用在滑动体上的泥浆压力合力 P_s，见式（3-3）。

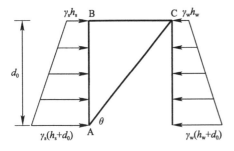

图 3-2-8　滑动体上泥浆压力分布图

$$P_s = \gamma_s h_s d_0 L + \frac{1}{2}\gamma_s d_0^2 L \tag{3-3}$$

式中，γ_s 为护壁泥浆的重度；h_s 为滑动体顶面至泥浆液面的高度。

作用在滑动体上的地下水压力应包括潜水压力和微承压水压力两部分，作用在滑动体上的地下水压力的合力 P_w 见式（3-4）。

$$P_w = \gamma_w d_0 L(h_w + h_1) + \frac{1}{2}\gamma_w d_0^2 L \tag{3-4}$$

式中，γ_w 为地下水的重度；h_w 为滑动体顶面至地下潜水面高度；h_1 为承压水水头高度。

作用在滑动体滑裂面 ACFD 上的法向力合力 N 见式（3-5）。

$$N = (Q + G)\cos\theta + (P_s - P_w)\sin\theta \tag{3-5}$$

作用在滑动体滑裂面 ACFD 的切向力合力 T_1 见式（3-6）。

$$T_1 = N\tan\varphi_0' + c_0'S_{ACDF} = N\tan\varphi_0' + c_0'd_0 L\csc\theta \tag{3-6}$$

式中，S_{ACDF} 为滑裂面 ACDF 的面积；φ_0' 为粉砂层的有效内摩擦角；c_0' 为粉砂层的有效黏聚力。

作用在滑动体两侧面 ABC（DEF）上黏聚力合力 T_2 见式（3-7）。

$$T_2 = c_0'(S_{ABC} + S_{DEF}) = c_0'd_0^2\cot\theta \tag{3-7}$$

式中，S_{ABC} 和 S_{DEF} 为侧面 ABC 和侧面 DEF 的面积。

为了考虑地连墙成槽施工中粉砂层的槽壁稳定性，引入槽壁稳定性安全系数，槽壁稳定性安全系数被定义为滑动体的抗滑力与下滑力的比值，见式（3-8）。

$$F_s = \frac{T_s}{T_g} \tag{3-8}$$

式中，T_s 为滑动体的抗滑力；T_g 为滑动体的下滑力，按式（3-9）计算。

$$\begin{cases} T_s = (P_s - P_w)\cos\theta + T_1 + T_2 \\ T_g = (G + Q)\sin\theta \end{cases} \tag{3-9}$$

（3）春申湖隧道地连墙成槽稳定性分析

根据现场地质勘察，湖区地下潜水水位稳定深度为 −2m，微承压水存在于粉土夹砂层中，微承压水水头标高为 1m。根据现场抓槽试验结果，粉土夹砂层粉砂性较重，且该层存在一定水头高度的微承压水，加剧槽壁的不稳定性，容易发生槽壁坍孔现象。在湖区附近成槽开挖地连墙，湖区槽段地质横剖面图、土层和导墙物理力学参数见图 3-1-5、表 3-1-1。

参照地质勘察情况，将湖区土层的参数信息代入式（3-8）和式（3-9）。根据现场实际设计资料，相关土层及施工参数取值如下，地下水重度 γ_w 为 $10kN/m^3$，地面附加荷载取 20kPa，现场实测泥浆重度 γ_s 为 $11kN/m^3$，泥浆液面与导墙顶面保持齐平，粉土夹砂层的有效黏聚力 c_0' 为 5.6kPa，有效内摩擦角 φ_0' 为 22.3°。为了槽壁实际施工的稳定性安全，保证具备一定的安全储备，理论上稳定性安全系数一般要大于 1 才能保证槽壁的安全。当地下水未降水时，地下潜水水位在地面以下 2m，将上述地质参数代入本章提出的粉砂层槽壁稳定性安全系数计算公式，得出 T_s = 712.80kN、T_g =1516.43kN、F_s = 0.47。地下水水位为 −2m 时，稳定性安全系数远小于 1，槽壁很可能发生粉砂层局部失稳破坏。为了验证理论计算的准确性，将理论计算结果与现场试抓槽试验进行对比分析。现场抓槽深度为 15m，图 3-2-9（a）为减压降水前现场抓槽试验超声波检测图，检测结果显示距地面 10m 左右出现坍孔，坍孔主要存在于粉土夹砂层，由此可知，现场超声波实测结果和理论计算结果较为吻合。根据现场减压降水验证试验，采用井点降水降低地下水水位至地下 4.5m，且同时对粉砂层采用减压降水降低微承压水水头。图 3-2-9（b）为减压降水后现场抓槽试验超声波检测图，由图可知，槽壁整体完整性较好，粉砂层无明显的坍孔现象。将减压降水后的参数再次代入稳定性计算公式得出 T_s = 2404.57kN、T_g =1959.26kN、F_s =1.23，粉砂层槽壁稳定性安全系数明显提高，稳定性安全系数大于 1，粉砂层槽壁基本能保持局部稳定性。通过现场抓槽试验和减压降水试验的对比分析，理论计算结果和现场超声波实测结果较吻合，在一定程度上验证了粉砂层稳定性理论计算公式的准确性。

（4）地下水对粉砂层槽壁稳定性影响分析

施工现场采用围堰隔水施工，由于围堰外侧水位较高，槽壁内外侧负水头较大，经抓槽验证试验可知，地连墙槽壁塌槽主要是粉砂层局部失稳导致的，而地下水对粉砂层稳定性有极其重要的影响。地下水作用一般包括两部分：一部分是地下潜水渗流作用，另一部分是承压水作用，而粉砂层中的承压水无疑是造成粉砂层坍孔的最主要

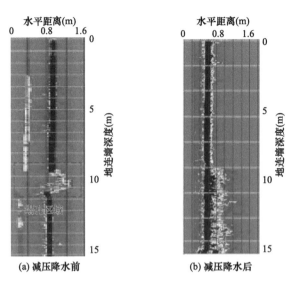

图 3-2-9　现场抓槽试验超声波检测图

因素。承压水水头和地下潜水水头往往是独立存在的，即承压水水头一般不会随潜水面的下降而变化。因此，为了探究地下水变化对现场粉砂层槽壁稳定性的影响，下面从不考虑微承压水和考虑微承压水两种情况对地下水水位进行计算。

不考虑微承压水对粉砂层的影响，即现场对粉砂层采用减压降水措施后，此时承压水水头高度为 0，基于上述稳定性理论计算公式进行计算分析，从而计算分析得出地下水水位对槽壁稳定性的影响规律。由表 3-2-1 和图 3-2-10 可知，理论计算结果显示地下水水位对粉砂层槽壁稳定性有至关重要的影响，稳定性安全系数随地下水水位呈线性增加趋势，当地下水水位位于地表时，稳定性安全系数为 0.78；当地下水水位每下降 0.5m 时，稳定性安全系数会上升 0.07，增速较快；当地下水水位在地下 5m 时，稳定性安全系数为 1.26；当地下水水位后来每下降 0.5m 时，稳定性安全系数只会上升 0.02，增速较慢；整体增速变化呈现先快后慢的趋势。当地下水水位在 1.8m 时，槽壁稳定性安全系数刚好为 1，此时，粉砂层滑动体的抗滑力等于下滑力，槽壁刚好处于稳定状态，不会出现滑动破坏。上述计算结果都是基于不考虑微承压水的条件，即现场对粉砂层采用减压降水措施的前提，上述计算结果才能满足。

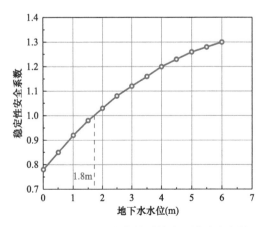

图 3-2-10　地下水水位对粉砂层槽壁稳定性影响（不考虑微承压水）

稳定性计算各项参数随地下水水位变化表（不考虑微承压水）　　　表 3-2-1

地下水水位（m）	G（kN）	Q（kN）	P_s（kN）	P_w（kN）	N（kN）	T_1（kN）	T_2（kN）	T_s（kN）	T_g（kN）	F_s
0.0	497	902	3201	2910	1021	633	106	901	1162	0.78
0.5	497	1009	3201	2751	1213	712	106	1068	1251	0.85
1.0	497	1115	3201	2592	1404	790	106	1235	1339	0.92
1.5	497	1222	3201	2433	1595	869	106	1402	1428	0.98
2.0	497	1329	3201	2274	1787	947	106	1569	1516	1.03
2.5	497	1435	3201	2115	1978	1026	106	1736	1605	1.08
3.0	497	1542	3201	1956	2170	1104	106	1903	1694	1.12
3.5	497	1648	3201	1797	2361	1183	106	2070	1782	1.16
4.0	497	1755	3201	1638	2553	1261	106	2237	1871	1.20
4.5	497	1862	3201	1479	2744	1340	106	2405	1959	1.23
5.0	497	1968	3201	1320	2936	1418	106	2572	2048	1.26
5.5	497	2075	3201	1161	3127	1497	106	2739	2136	1.28
6.0	497	2182	3201	1002	3319	1575	106	2906	2225	1.31

　　当考虑微承压水作用对粉砂层的影响，即现场施工前不对粉砂层采用任何减压降水措施，微承压水水头标高为地上 1m，此时再对地下水水位进行计算分析。

　　由表 3-2-2 和图 3-2-11 可知，当考虑微承压水作用对粉砂层槽壁稳定性影响时，随着地下水水位的上升，粉砂层槽壁稳定性安全系数呈现线性上升趋势，但当地下水水位降至地下 6m 时，稳定性安全系数为 0.92，依然小于 1，此时抗滑力小于下滑力，粉砂层处于不稳定状态，容易发生局部失稳。由此说明，微承压水对槽壁稳定性影响很大，考虑微承压水作用时，仅仅采用降低地下水水位控制塌槽并不是有

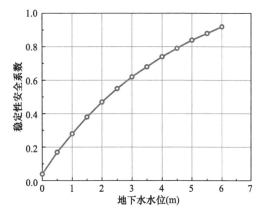

图 3-2-11　地下水水位对粉砂层槽壁稳定性影响（考虑微承压水）

效的方法，同时还要采用减压降水措施才能有效地维持粉砂层局部稳定性。

稳定性计算各项参数随地下水水位变化表（考虑微承压水） 表 3-2-2

地下水水位（m）	G（kN）	Q（kN）	P_s（kN）	P_w（kN）	N（kN）	T_1（kN）	T_2（kN）	T_s（kN）	T_g（kN）	F_s
0.0	497	902	3201	3864	229	308	106	44	1162	0.04
0.5	497	1009	3201	3705	420	387	106	212	1251	0.17
1.0	497	1115	3201	3546	612	465	106	379	1339	0.28
1.5	497	1222	3201	3387	803	544	106	546	1428	0.38
2.0	497	1329	3201	3228	995	622	106	713	1516	0.47
2.5	497	1435	3201	3069	1186	701	106	880	1605	0.55
3.0	497	1542	3201	2910	1378	779	106	1047	1694	0.62
3.5	497	1648	3201	2751	1569	858	106	1214	1782	0.68
4.0	497	1755	3201	2592	1760	936	106	1381	1871	0.74
4.5	497	1862	3201	2433	1952	1015	106	1548	1959	0.79
5.0	497	1968	3201	2274	2143	1093	106	1715	2048	0.84
5.5	497	2075	3201	2115	2335	1172	106	1882	2136	0.88
6.0	497	2182	3201	1956	2526	1251	106	2049	2225	0.92

3.3 研究成果及工程应用

3.3.1 负水头地连墙槽壁防塌控制技术

在实际施工中，由于微承压水及负水头差的作用导致粉砂地层的地连墙施工槽壁极易坍塌，并且常规泥浆的护壁性能满足不了现场地连墙施工槽壁稳定的需要，施工中还需要考虑对邻近建筑物沉降的影响。因此，提出特殊环境超深地连墙施工关键技术，可以通过降低槽外水位，保持槽内水位高于槽外水位（正水头差）和采用新型泥浆等技术方法解决湖域地段地连墙施工槽壁坍塌严重的问题。

（1）保持合理水头差

由于负水头和微承压含水层导致粉砂地层的地连墙难成槽。施工过程中可以降低槽外水位，保持槽内水位高于槽外水位（正水头差），提高槽壁的稳定性。如图 3-3-1 所示为不同区段地下水水位深度—稳定性安全系数关系曲线，由此得到关键技术参数，即施工过程中保持至少 2.5m 正水头差。

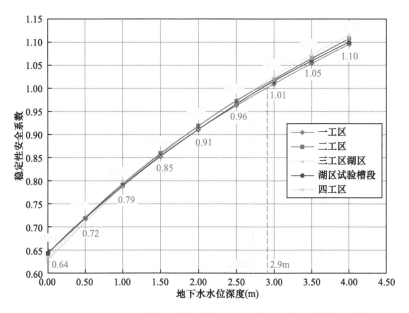

图 3-3-1 不同区段地下水水位深度—稳定性安全系数关系曲线

（2）增设水泥搅拌桩阻水

由于施工现场河床处地连墙顶面与地面高差达 4.5m，形成负水头，成槽极易坍塌，而正常降水会引起邻近校舍的不均匀沉降，危及安全，降水幅度受限。除了适当抬高导墙，结合槽壁外降水和使用新型复合钠基膨润土泥浆外，还需要在河道和宿舍楼之间增设水泥搅拌桩阻水，如图 3-3-2 所示。

（3）新型复合钠基膨润土泥浆研发

采用复合钠基膨润土并添加聚丙烯酰胺（CMC），相较于常规泥浆护壁性能差、携渣能力弱、稳定性不足等缺点，其对泥浆性能有了极大改善。

新型泥浆由优质的膨润土（70～100 份）、纯碱（0～15 份）、CMC（2～5 份）组成。适用于各种土层，尤其适用于超深地连墙和砂性土层的护壁，新型泥浆性能指标如表 3-3-1 所示。

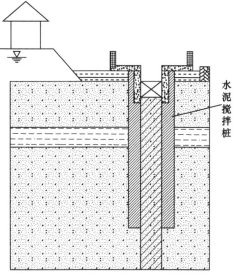

图 3-3-2 水泥搅拌桩阻水

新型泥浆性能指标　　　　　　　　　　　表 3-3-1

泥浆类别	漏斗黏度（s）	密度（g/cm³）	pH	失水量（ml）	含砂量（%）	泥皮厚（mm）
新鲜泥浆	22～30	1.05～1.10	7～8.5	<10	<3	<1.5
再生泥浆	30～40	1.08～1.15	7～9	<15	<6	<2.0
成槽中泥浆	22～60	1.05～1.20	7～10	<20	不可测	不可测
清孔后泥浆	22～40	1.05～1.15	7～10	<15	<6	<2.0

3.3.2　现场检测及结果分析

（1）地连墙成槽失稳超声波检测

1）超声波检测基本原理

地连墙成槽检测时，将超声波探头沿槽段中心线的位置以恒定速率下降和提升，超声波探头内装有4组换能器，超声波的发射依靠振荡器产生的电脉冲，电脉冲被放大后经过4组换能器转化为超声波，之后，沿四个方向同时发射，超声波通过泥浆介质向槽壁传播。当超声波透过泥浆传播到槽壁后，由于槽壁土体介质的声阻抗远远大于泥浆介质声阻抗，超声波通过槽壁发生漫反射，反射波通过泥浆介质被换能器接收。超声波检测仪在接到第一个超声波返回信号后关闭计时门，并自动记录超声波发射到接收所经历的时间，即为超声波在槽内泥浆中的传播时间，简称声时。当槽壁土体密度较大或槽宽变窄时，超声波传播的声时较短，反射强度较大；当槽壁土体密度较小，出现坍孔或槽宽变宽时，超声波传播的声时较长，反射强度较小，甚至接收不到反射信号。超声波探头接收到反射信号后，将其转换成电信号并经放大处理后，通过打印机打印，根据连续记录槽壁在不同深度的状况，可计算出槽深、槽宽、垂直度等参数，此外，还可以判断出槽壁坍孔等情况。

超声波法检测地连墙成槽质量的基本原理是利用超声波反射技术进行数据分析，获取槽壁信息，根据获取的信息对槽壁的完整性和垂直度进行相应的评价。超声波检测仪如图3-3-3所示。

2）检测基本技术指标

检测半径：0.5～4m；检测精度：0.2%；最大检测深度：100m；检测方向：X-X'、Y-Y'方向；电源：220V；绞车起降速度：0～20m/min。地连墙成槽质量检测有3个主

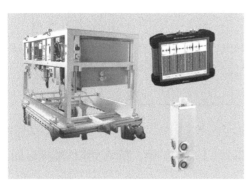

图 3-3-3　超声波检测仪

要技术指标：宽度、深度、垂直度，在已知成槽实际准确深度时，还可以通过实测深度计算出槽底沉渣的相对厚度。

3）检测步骤

固定移动绞车，通过在导墙设置木梁进行定位，确保声波探头中心与导墙中心轴线重合。确保电源安全，电缆不脱落，接上记录仪，打开电源，确认电压安全。根据设计槽宽初步设置测试范围、采样频率、采样延时等。

现场标定时，将声波探头投入泥浆中进行测试，观察信号强弱，并利用已知导墙的宽度作为标准距离，调整采样参数至信号达到最佳效果。为避免出现失真的检测结果，标定完成后锁定标定旋钮，确保槽壁检测时旋钮不再变动。将探头底端置于导墙顶面，开始槽壁测试：匀速、缓慢下放探头，同时观察测试信号，可根据实时检测信号的变化对信号进行调整，确保槽壁反射信号清晰。

4）超声波现场地连墙成槽检测

检测内容包括：槽段的深度、宽度、垂直度。实际上，通过超声波检测可以准确判断成槽施工中槽壁坍塌的具体位置及范围，对预防坍塌和确保地连墙顺利施工具有重要作用。下面是槽段各检测指标的具体检测内容：

深度检测：采用超声波检测仪对槽段左、中、右三个位置的槽底深度进行检测，取三者平均值作为槽段深度。

垂直度检测：用超声波检测仪在每幅槽段内左、中、右三个位置分别扫描槽壁，扫描记录槽壁最大凸出量或凹进量（以导墙面为扫描基准面）与槽段深度之比即为槽壁垂直度，三个位置的平均值即为槽壁平均垂直度。

垂直度的一般表示方法为：X/L。其中，X 为槽壁最大偏移量，L 为最大偏移点至槽顶的深度。

成槽质量评定：每处槽段成槽后需采用超声波检测仪进行检测，及时判定成槽开挖槽壁的完整性，并对成槽的宽度、垂直度、深度进行检测。对不满足要求的槽段需重新修正，若有坍塌现象，需要及时调整泥浆的配合比。槽段开挖精度应符合成槽的质量标准，见表 3-3-2。

槽段开挖精度质量标准　　　　　　　　　　　　　　　表 3-3-2

测试项目	允许偏差	检验方法
宽度	50mm	超声波检测
垂直度	1/300	超声波检测

续表

测试项目	允许偏差	检验方法
深度	10mm	超声波检测

现场抓槽试验和正式成槽施工的槽壁质量都要使用超声波检测仪检测，在现场安放超声波检测仪见图 3-3-4，在现场使用超声波检测仪进行成槽测试见图 3-3-5。

图 3-3-4　在现场安放超声波检测仪

(a) 测试过程

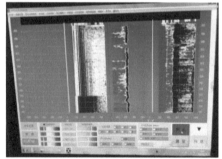

(b) 测试结果

图 3-3-5　在现场使用超声波检测仪进行成槽测试

（2）超声波失稳检测与评价

1）槽壁失稳高度占比分析

目前，针对地连墙成槽质量基本用超声波检测，从检测图谱中能够清晰地看出哪些位置发生坍孔，有些情况可能沿槽壁出现多处坍孔，坍孔深度和偏移量可被估算。从超声波检测结果可知，坍孔位置大多出现在粉砂层，也有少数粉质黏土层出现坍孔，通过对现场承压水作用下粉砂层的坍孔情况分析，如何根据坍孔情况对槽壁失稳程度进行评价，目前还没有确切、统一的标准和评价方法，图 3-3-6 为槽壁失稳高度占比计算图示，下面根据图 3-3-6 的内容对计算过程展开分析。

图 3-3-6 中，Δh_1、Δh_2、$\cdots$、Δh_n 表示沿槽壁深度 n 处坍孔深度，H 为成槽开挖的深度，h_0 为粉砂层的厚度。用层内局部占比系数 α 和槽内整体占比系数 β 对槽壁失稳高度占比进行分析，从而判断槽壁

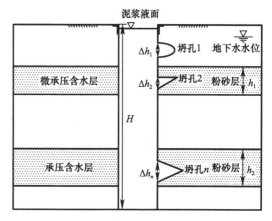

图 3-3-6 槽壁失稳高度占比计算图示

失稳程度，其中，通过层内局部占比系数对粉砂层局部失稳程度进行判断，通过槽内整体占比系数对槽壁整体的失稳程度进行判断。

层内局部占比系数是粉砂层坍孔深度占整个粉砂层厚度的百分比，计算公式见式（3-10）。

$$\alpha = \frac{\Delta h}{h} \qquad (3-10)$$

槽内整体占比系数定义为沿整个槽壁上 n 处坍孔深度之和占整个槽壁深度的百分比，计算公式见式（3-11）。

$$\beta = \frac{\sum\limits_{i=1}^{n} \Delta h_i}{H} = \frac{\Delta h_1 + \Delta h_2 + \cdots + \Delta h_n}{H} \qquad (3-11)$$

在确定局部占比系数计算方法后，需要提出一个失稳程度判定量值准则：$\alpha >$ 80%，粉砂层发生整层失稳；$\alpha <$ 80%，粉砂层未发生整层失稳。$\beta > 5\%$，失稳程度较大，槽壁发生大范围整体失稳；$\beta < 5\%$，失稳程度较小，槽壁发生小范围局部失稳。

2）基于地层损失率的槽壁失稳程度评价

盾构开挖过程中，随着盾壳的脱出，盾壳所在位置的土体会出现损失，由此，上层土体会对损失的土体进行填充，从而造成地表出现类似 V 形沉降槽，将地表沉降槽的体积与盾构开挖土体的体积之比定义为地层损失率。基于盾构隧道开挖中的地层损失率的概念，联系到地连墙成槽开挖也存在类似地层损失问题，作者提出了地连墙成槽开挖中的地层损失率概念，并给出相应的计算公式，对地连墙成槽声波失稳检测结果进行一定量值评价。

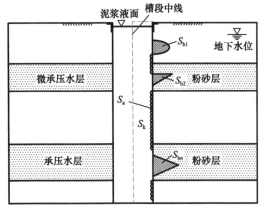

图 3-3-7　槽壁地层损失率计算图示

实际上，对于地连墙成槽土体开挖也会发生类似的地层损失，土体开挖会造成槽壁上产生不同程度的变形，槽壁上的变形包括两部分，一部分是槽壁表面上出现凹凸不平的小变形，另一部分是开挖导致的槽壁坍孔，具体见图 3-3-7。但由于超声波一般测得图谱都是平面图，无法得出坍孔的体积。因此，地连墙槽壁地层损失率可用面积占比进行计算，对于槽壁表面出现的凹凸不平的微小变形，其总面积可以用 S_a 表示，对于这部分微小变形在超声波检测图中确定其面积较为困难，且变形一般也较小，在计算地层损失率时可不予考虑其影响，只需要考虑槽壁上每一处坍孔的面积 S_{bi}。由于超声波检测图是沿四个方向检测的，每幅检测图左右两边并非属于同一横断面。因此，把槽壁一侧 n 处坍孔面积之和占开挖土体的 1/2 面积 S_k 的百分比定义为地连墙成槽开挖中的地层损失率 η，地层损失率计算式见式（3-12）。

$$\eta = \frac{\sum_{i=1}^{n} S_{bi}}{S_k} = \frac{S_{b1} + S_{b2} + \cdots + S_{bn}}{S_k} \tag{3-12}$$

依据盾构开挖中地层损失率的判别准则，基于成槽开挖中地层损失率对槽壁失稳程度进行判断：成槽开挖中的地层损失率 η 小于 2% 时，失稳程度为一般，槽壁发生小范围局部失稳；当地层损失率 η 大于 2% 时，失稳程度较为严重，槽壁发生大范围整体失稳。

（3）春申湖隧道地连墙成槽检测结果分析

依据苏州春申湖隧道地连墙成槽施工情况进行成槽检测结果的分析，该工程共有地连墙 555 处，地连墙成槽施工中经超声波槽壁检测发现既有整体失稳，也有局部失稳，本节选取 4 个典型断面地连墙槽壁超声波检测图进行分析，如图 3-3-8 所示。

图 3-3-8 中，每条竖线间距为 20cm（可根据实际需要设置调整比例），每条横线间距代表 1m，深褐色的粗竖线表示槽壁土体的位置，黄色麻点可能是泥浆中存在气泡或含有有机物而形成的气层，图中横向大块黑色砂点是槽孔泥浆的密度太大超

声波不能透过而造成的。根据现场施工经验,当泥浆密度＞1.20g/cm³,图中一般会出现大量发黑的砂点,可通过调整超声波强度、减小泥浆密度或更换泥浆来减少黑色砂点。由图 3-3-8 可知,槽段检测虽然受到泥浆或其他杂质的干扰,检测质量不佳,但整体塌槽位置还是能够清晰显示。传感器位于槽孔中心线上,4 幅槽段的整体垂直度较好,均未出现明显的倾斜现象,说明成槽机在自动纠偏的过程中垂直度控制较好。此外,从图 3-3-8 还可以看出,DXQ107 和 DXQ330 两幅槽段超声波检测

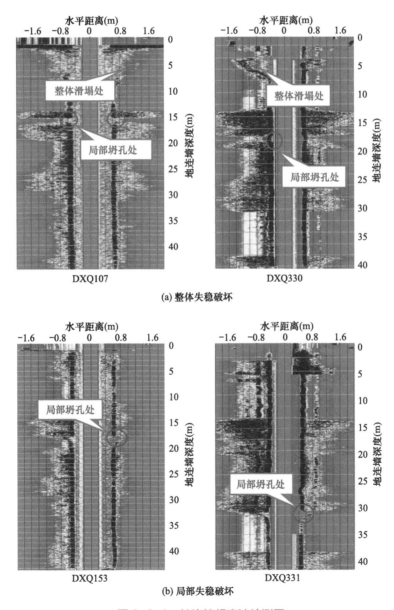

图 3-3-8　地连墙超声波检测图

图中表现为 7m 以内浅层大范围土体滑塌，说明该槽段土体发生了整体滑动失稳破坏。此外，在槽段中部还同时存在局部坍孔，DXQ107 在 16m 深度处出现小范围的局部坍孔现象，坍落土体厚度 30～40cm，DXQ330 在 17～18m 出现局部坍孔现象，坍落土体厚度 10～15cm。而 DXQ153 和 DXQ331 两幅槽段检测图则明显不同，图中显示槽段只在深层部位出现小范围的土体剥落，在成槽中土体发生深层局部坍孔，说明该槽段土体发生了局部失稳破坏，DXQ153 在 17～18m 出现局部坍孔现象，坍落土体厚度 40～50cm，DXQ331 在 31～33m 出现深层局部坍孔现象，坍落土体厚度 40～60cm。

为了对超声波检测结果进行槽壁失稳程度分析，根据槽壁失稳评价计算公式，对地连墙成槽施工中的失稳程度进行计算。由于对槽壁每处坍孔范围的数值要求清晰，DXQ107 和 DXQ331 检测图槽壁受干扰严重，坍孔面积不好确定，作者选取 DXQ153 和 DXQ330 两幅检测图进行计算说明。由于 DXQ153 和 DXQ330 超声波检测结果并不在同一个槽段横断面上，因此，对于槽壁失稳程度评价的分析，应以超声波检测结果图槽内零点线为基准线取一半进行计算分析，现取 DXQ153 右半边图谱和 DXQ330 左半边图谱进行分析，具体计算图示如图 3-3-9 所示。依据图 3-3-9 中相关计算参数进行计算分析，对于 DXQ153，$h_{上粉}$ = 6.3m、$h_{下粉}$ = 3.8m、h_1 =1.5m、H = 43m、S_{b1} = 0.3m^2、S_k = 43×0.5=21.5m^2，将各参数代入相应公式计算：α =1.5/6.3 = 23.8%、β = 1.5/43 = 3.49%、η = 0.3/21.5 = 1.40%，α 小于 80%，粉砂层未发生整层失稳，β 小于

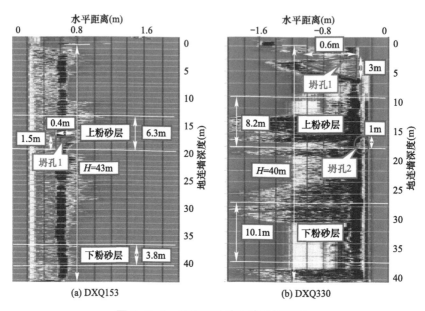

图 3-3-9 超声波失稳程度计算图示

5%，成槽开挖中的地层损失率 η 为 1.40%，小于 2%，槽壁失稳程度一般，属于小范围局部坍孔。对于 DXQ330，$h_{上粉}$ = 8.2m、$h_{下粉}$ = 10.1m、h_1 = 3m、h_2 = 1m、H = 40m、S_{b1} = 0.9m²、S_{b2} = 0.075m²、S_k = 40×0.6 = 24m²，将各参数代入公式进行计算：α = 1/8.2 = 12.2%、β = 4/40 = 10%、η = 0.975/24 = 4.06%，α 小于 80%，粉砂层未发生整层失稳，β 为 10%，大于 5%，成槽开挖中的地层损失率 η 达到 3.75%，大于 2%，槽壁失稳程度较严重，属于大范围整体滑塌失稳。

通过上述分析，结合现场地质可知，DXQ330 槽段属于湖区段，31～33m 属于⑥₃ 粉土夹砂层，且该层存在承压水，一般较其他黏土层极易发生局部坍孔现象，最后可能会还引发整体大范围失稳坍塌。实际上，经现场多次超声波检测结果显示，现场发生局部坍孔较多，整体大范围失稳较少，且绝大多数局部坍孔集中于含承压水的粉土夹砂层或粉土层。

3.3.3 施工控制要点

地连墙采用"地连墙液压抓斗工法"进行施工。该工法具有墙体刚度大、阻水性能好，振动小、扰动小等特点，对周围环境影响小，适用于多种土层条件。

（1）地连墙施工关键点

导墙测量定位；护壁泥浆的配制质量；纵、横向桁架筋和吊点的设置、预埋件位置和数量；抓斗成槽质量控制与验收等。

（2）泥浆工艺

因地连墙深，环境复杂，技术难度大，各道工序施工时间长，在槽孔长时间暴露中容易引起沉渣增厚和槽段失稳等问题，因此，本工程在泥浆指标控制时要适当提高泥浆的黏度和密度，增加泥浆护壁能力和悬浮沉渣能力，降低沉渣厚度，保证槽壁稳定，避免缩颈。泥浆工艺流程见图 3-3-10。

1）配制新鲜泥浆：选用新型的复合钠基膨润土泥浆。该泥浆是一种有高造浆率，添加了特制聚合物的 200 目钠基膨润土，适合各种土层，尤其适合超深地连墙和砂性土层的护壁要求。

在喷射混合器中加入该泥浆，混合比率以淡水为基础，配浆用水的纯净度将影响该泥浆的性能，因此，在配浆前可加入适量纯碱将酸性水或硬水的 pH 调到 8～9，达到最佳配浆效果。

2）新鲜泥浆性能指标见表 3-3-3。

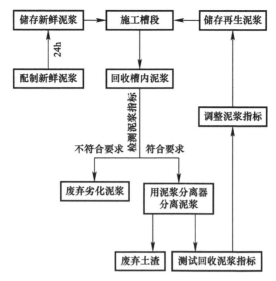

图 3-3-10　泥浆工艺流程

新鲜泥浆性能指标　　　　　　　　　　　　　　　　　　表 3-3-3

泥浆性能	新配制		循环泥浆		废弃泥浆		检验方法
	黏性土	砂性土	黏性土	砂性土	黏性土	砂性土	
密度（g/m³）	1.04～1.05	1.06～1.08	<1.10	<1.15	>1.25	>1.35	用比重计检验
黏度（s）	20～24	25～30	<25	<35	>50	>60	用漏斗检验
含砂率（%）	<3	<4	<4	<7	>8	>11	用洗砂瓶检验
pH	8～9	8～9	>8	>8	>14	>14	用试纸检验

（3）防止槽壁坍塌措施

1）强化泥浆工艺：采用优质膨润土制备泥浆，保持好槽内泥浆水头高度，并高于地下水水位 1m 以上。

2）缩短裸槽时间：抓好工序间的衔接，使成槽至浇筑完混凝土时间控制在 24h 以内。

富水区深基坑开挖对紧邻建/构筑物影响的控制技术

4

通过承压含水层线状基坑减压降水透明土渗流试验揭示悬挂式隔水帷幕对基坑周边地下水渗流的影响机理，基于透明土试验渗流规律，建立适用于线状基坑减压降水渗流计算模型，将数值模拟结果与室内试验、工程实例进行对比验证后，对重要影响因素进行参数敏感性分析。将研究成果应用于苏州春申湖隧道线状基坑工程，利用有限元软件 ABAQUS 建立基坑及紧邻建筑物的三维模型，通过对基坑降水支护卸荷开挖全过程开展流固耦合分析，结合现场监测数据，进一步分析线状基坑卸荷降水对围护结构与紧邻建筑物的变形影响。

4.1 基于透明土技术的基坑减压降水模型试验

当前，针对各类基坑降水对周边环境影响的研究已有很多，然而大部分研究重点并未放在基坑降水对周边渗流场的影响。但土体孔隙水压力的变化却是导致土层变形沉降的重要原因，故需要得到基坑承压含水层降水时周边渗流场分布规律，才能对周边土层沉降变形机理进行进一步研究。因此，选取承压含水层线状基坑横断面开展透明土渗流试验，模拟多种工况下线状基坑承压含水层减压降水循环，并结合粒子图像测速技术揭示土体内部孔隙液体的运动规律。在此基础上进一步分析隔水帷幕对坑外水头降深及涌水量的影响效果，为线状基坑减压降水渗流场计算方法推导提供理论基础和试验数据对比。

4.1.1 试验方案

（1）透明土试验概述

天然土作为由固体颗粒（固相）、孔隙液体（液相）及气体（气相）组成的多孔非均匀介质，其骨架间布满了相互连通的孔隙，地下水沿着这些形状不一的渗流通道流动。然而，由于土体孔隙的随机性与复杂性，观测地下水渗流运动特性存在一定的困难。

随着光学成像技术的发展，人工合成透明土技术与粒子图像测速技术（PIV 技术）能够呈现土体内部液体渗流规律，并且能够进行全断面数据采集分析，具有独特的观察优势。人工合成透明土技术将透明固体颗粒视作土颗粒，将孔隙液体视作孔隙水，通过调整，使两者有相同折射率，使透明土呈现透明状，便于观测透明土内部结构。PIV 则通过高清相机捕捉孔隙液体中由激光激发的被跟踪粒子，再通过对相邻粒子图像采用互联算法计算任意激光面上的粒子速度分布，从而得到此切面的渗流场分布。

（2）试验材料选择

随着人工合成透明土技术的发展，现在已经能够对砂土、黏土、超软土及淤泥等不同类型土进行模拟还原。然而本试验仅针对地下承压含水层渗流进行模拟，根据水文地质学定义，承压含水层是埋藏在上下两个稳定隔水层之间的富水层，渗透系数为 0.001～1m/d，例如，松散的砂卵石层、有裂隙的基岩层或充满孔隙的砂砾岩层在特定条件下均可成为承压含水层。我国主要滨海城市承压水以滨海平原海陆交互相砂层承压水为主，承压水多赋存于砂、砾石层中，故将砂性土作为模拟对象。

试验材料包括固体颗粒及孔隙液体两部分。由于需要研究土体内部渗流特性，除去透明度和土体物理力学特性，还特别需要孔隙液体有与孔隙水相近的流体渗流特性，在还原真实试验的前提下达到内部可视化的功能。为保证试验顺利进行，还需要其具有性质稳定、容易获取、安全可靠等性质。

透明土固体颗粒一般从熔融石英砂与无定型二氧化硅中选择。孔隙液体则有多种选择，有纯净水、混合油、溴化钙溶液、碘化钠溶液、蔗糖溶液、焦磷酸钾、磷酸钾和六水氯化镁等。现从物理力学特性、透明特性、渗流特性进行研究比较，由于试验为渗流试验，故暂不考虑土体变形，以透明土孔隙液体渗流特性的相似性作为主要选取标准。

1）物理力学特性

主要包括应力应变关系、土体强度、压缩特性。孔纲强通过一维压缩试验分析不同材料配制的透明土压缩变形特性，推荐选用熔融石英砂材料作为透明土固体骨架，选用蔗糖溶液配置的透明土在压缩性上相较混合油或溴化钙溶液更接近天然砂土。孔纲强通过不同材料配制的透明土三轴固结排水试验比较其土体强度特性，得出其应力应变关系变化规律，但将溴化钙溶液作为孔隙液体配置的透明土强度与实际土强度最接近。高岳等选用溴化钙溶液作为孔隙液体，且溶液浓度为 57% 时，配制出的透明土透明度最高。经过渗透试验、三轴试验、直剪试验和侧限压缩试验后，认为透明土与天然砂土渗透性及压缩性相近，直剪试验的剪应力与位移曲线形态基本相似，三轴试验的应力应变曲线形态也基本相同。

2）透明特性

要求透明土固体骨架颗粒与孔隙液体折射率一致，且要求混合后孔隙、杂质较少。梁越等采用聚丙烯酸钠交联聚合物颗粒和蒸馏水配制出饱和透明多孔介质，粒径较大（9～11mm），孔隙率 $n = 0.40$，结合简易粒子图像系统对土中孔隙液体流速进行观测，由于土体透明度尚可，能够观测到优势流现象。杜建明等提出透明土透明度影响因素有材料纯度、种类、尺寸、饱和度，以及模型箱透明度、尺寸、折射率等。其中，材料尺寸会明显影响透明度，建议采用 0.5～1.0mm 粒径的熔融石英砂配制。

3）渗流特性

渗流特性是指孔隙液体与水的近似性，主要包括土体渗透系数和液体黏度系数。孔纲强选用五种不同孔隙液体测定透明土折射率、液体黏度系数与浓度之间的关系，给出的浓度—折射率曲线可用来确定具体溶液配制浓度。各种溶液黏度系数均大于纯水黏度系数，其中，推荐选用溴化钙溶液配制透明土，既保证折射率，又保证其渗流特性相似。孔纲强选用三种不同孔隙液体制配透明土进行常水头渗透试验，结果表明：粒径分布、相对密实度、渗流液体种类会影响渗透特性，且若将渗透液体变为水，液体浓度会随时间变化，导致折射率变化，大大影响透明度，最终由混合油、溴化钙制配成的透明土渗透率与天然砂土渗透率最接近。

综上所述，选取熔融石英砂作为固体颗粒骨料，配合 57% 浓度的溴化钙溶液作为孔隙液体。选用的熔融石英砂见图 4-1-1。

通过综合对比，最终选取 98% 纯度溴化钙粉末配制的溴化钙溶液作为孔隙液体。溴化钙固体呈无色、斜方针状结晶或晶块，分子式为 $CaBr_2$，相对密度为 3.353（25℃），极易溶于水，水溶液呈中性。因其具有轻微毒性，对人的眼睛和皮肤有刺激，需要试验人员在试验时戴好口罩及手套，做好安全防护。

图 4-1-1　熔融石英砂

（3）粒子跟踪测速技术（PTV技术）

PIV技术与PTV技术均是目前广泛应用的流动显示和测量技术，都可以对二维平面瞬时速度场进行测量。然而由于PIV技术会受到查询区间及分辨率等限制，仅能测量粒子群的平均位移，故研究人员通过优化改进得到PTV技术，它能够跟踪位移场中单个粒子的运动，在观测孔隙液体渗流时具有更好的适用性。PTV技术基本原理见图4-1-2。

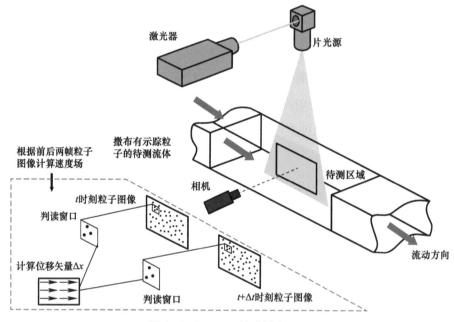

图4-1-2　PTV技术基本原理

PTV技术主要分为两大步骤：首先，通过摄像机采集被跟踪粒子的连续运动图像。然后，根据前后两帧粒子图像计算其速度场。图像采集要固定时间间距，连续采集多张短时间曝光图片。粒子识别的方法有单阈值法、多阈值法、数字掩膜法，最终目的是将颗粒及背景通过图像处理技术区分，根据像素点定位粒子的中心坐标。在速度场计算步骤中，PTV技术使用互相关计算对相邻两帧图像计算，求得流场二维截面内速度场的分布。然而，实际上为了提高计算效率，互相关计算并未对单一粒子进行匹配，而是将图像划分为网格后，通过找到互相关函数最大值位置确定网格中心位置的平均相对位移，见图4-1-3。但在本试验流场中，大部分固体颗粒没有位移，仅有孔隙液体中的少数被跟踪粒子有较大位移，由此，PTV的速度场计算还必须包括粒子匹配步骤，常用的方法从简单的相关类算法到复杂的整场优化算法皆可处理，还可以结合遗传算法、蚁群算法等人工神经网络算法进行优化，可以按照试验需求自由选择。最终，当粒子全部被识别、匹配后，采用插值法可以求得粒子位移，除以图像拍摄的间隔时间可以得到粒子瞬时速度，进一步分析得到流场分布情况及流动特征信息。

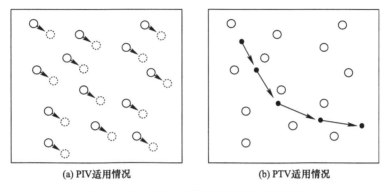

(a) PIV适用情况   (b) PTV适用情况

图 4-1-3 PIV 与 PTV 被跟踪粒子示意图

对透明土渗流试验中采集的多组图像进行后处理，对被跟踪粒子进行精确定位，导出的位移场、速度场、应变场为 *.dat 文件形式，可供 Tecplot 等图像处理软件进行进一步处理。

（4）模型试验装置设计

为探究线状基坑中悬挂式隔水帷幕对承压含水层减压降水渗流场的影响，本章基于透明土的可视化优点，设计了一套模拟承压含水层中基坑减压降水的装置，结合 PTV 技术及 PIV 技术，观测记录坑外水头降深，基坑涌水量及土体内部渗流场分布情况。

由于线状基坑长宽比较大，沿长边方向渗流极其微小可以被忽略，同时，考虑透明土的观测要求，在基坑中段横向剖切一短边区段，并采用二维模型试验方法对横截面进行分析，见图 4-1-4。受限于透明土透明度观测极限，横断面厚度不宜过大。另外，为控制观测面大小，根据对称性将基坑取半进行试验。由于试验仅针对承压含水层进行分析，故将上下隔水层简化为不透水边界条件，同样，将隔水帷幕也视作不透水边界。在将悬挂式隔水帷幕固定后，通过抽水泵降低基坑内部水头，并使之循环补给坑外，保证坑外定水头边界不变。待抽水循环稳定后观测记录渗流场变化情况。

试验装置包括：模型箱装置，抽水循环系统（蠕动泵及井群集成装置），光学观测系统（激光发生器、CCD 相机、被跟踪粒子），后处理系统（对采集图像进行分析处理的计算机以及处理软件）。渗流试验装置示意图见图 4-1-5。

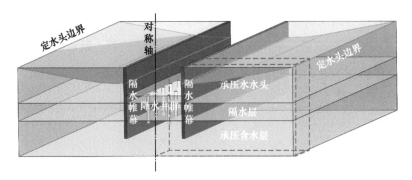

图 4-1-4　线状基坑承压含水层减压降水渗流二维概念模型

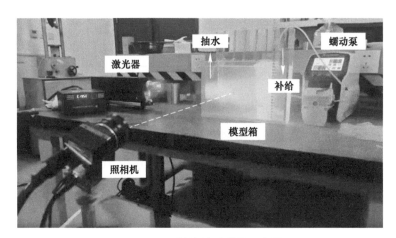

图 4-1-5　渗流试验装置示意图

1）模型箱装置

包括模型箱主体、隔水帷幕及顶盖，均采用透明亚克力板制作。

试验重点关注地下水渗流情况及渗流量变化，暂不研究土体受力变形情况，故对于模型箱力学性能不作过多要求。为保证试验过程中的激光面拍摄清晰度，要求模型箱通透度达到一定要求，故采用高透明度亚克力板材激光切割后制作，使用胶水粘结后，抛光各面保证透明度。同时，为防止模型箱受力出现过大变形或损坏，特别是考虑隔水帷幕两侧压力差，将板材厚度定为 1cm。

关于模型箱尺寸选择，参考类似基坑抽水室内试验，考虑相似原理，将几何相似比定为 100，即几何尺寸变为原尺寸 1/100，得到的模型箱内尺寸设计为 31cm（长）×5cm（宽）×20cm/30cm（高），由于承压水水头高于含水层顶层，故透明土区高度（20cm）小于液体补给区高度（30cm）。液体补给区与透明土区中间用带孔薄板隔开，并用 300 目纱网隔断，防止石英砂落入液体补给区，同时，允许孔隙液体通过。透明土区又分为基坑内与基坑外，基坑长度 5cm，基坑外长度 20cm，当中由 1cm 厚的隔水帷幕以不同的帷幕插入深度分隔。模型箱实物图见图 4-1-6。由于模型箱在试验时需承受一定的水压力，为防止孔隙溶液渗漏或从隔水帷幕与模型箱之间的缝隙渗流，采用热熔胶将顶盖及隔水帷幕同模型箱主体进行密封固定，确保隔水帷幕的阻水效果及隔水层顶盖的密封效果。

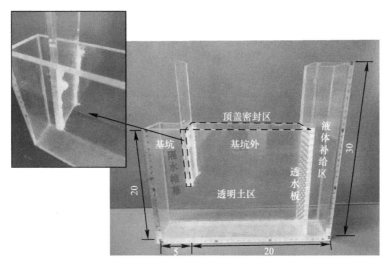

图 4-1-6　模型箱实物图（单位：cm）

顶盖的主要作用是模拟承压含水层顶部的隔水层，阻止越流的同时需要承受一定的水压力。在保证顶盖隔水作用的前提下，以一定间距在顶盖上打孔并插入测压管，见图 4-1-7。测压管高度与液体补给区高度齐平，未抽水时，管内水位应与液体补给区水位相同，开始抽水后便会逐渐下降。此设计便于直接观察基坑外水头降深情况，同时获得基坑外水位曲线。

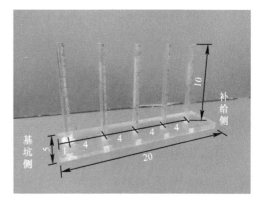

图 4-1-7　测水头管布置图（单位：cm）

2）抽水循环系统

为实现孔隙液体的抽取，试验使用大流量工业蠕动泵模拟基坑管井降水。考虑抽水流量较大，对抽水流量的精度要求也较高，故采用某流量型智能蠕动泵，其转速为 0.1～150r/min，流量为 0.000166～570ml/min，流量精度控制在 ±0.5% 以内，具有三种计量模式，能够满足复杂的传输及分配要求。

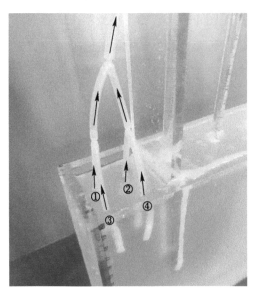

图 4-1-8　群井集成装置实物图

实际工程中，为保证基坑底部，特别是边角处均达到降水要求，使基坑底部各处均匀降水，往往会在基坑内全面积密集布置多根管井（称为群井）。为模拟实际降水工程中在坑底均匀布置的群井，将内径 2mm 的食品级硅胶管插入透明土顶部抽水，并使用 Y 形三通接头自制群井集成装置，见图 4-1-8。由于模拟基坑尺寸较小，仅为 5cm×5cm，故群井集成装置设置为 2 排 2 列即实现均匀布置，使基坑内部水头近似平面。

考虑实际管井降水中具有滤水管及围填滤料以过滤深层砂土，将 300 目纱网固定在井群集成装置中的硅胶管底，确保抽水时不会将透明土中的固体颗粒抽出堵塞管道。

3）光学观测系统

包括被跟踪粒子、激光发生器、CCD 相机。

被跟踪粒子是 PTV 试验的必备耗材。PTV 试验系统中，被跟踪粒子需要被激光光源照亮以供 CCD 相机记录分析流体运动特征。为保证获取图像的品质，需要被跟踪粒子具有较高的跟随性与散光性。众多试验结果表明，被跟踪粒子直径必须小于 50μm 才能避免小尺度涡流结构运动。同时，被跟踪粒子直径也不能过小，否则其散光性难以保证，除此之外，被跟踪粒子的折射率也应尽可能高，以便成像。

试验采用某品牌的空心玻璃微珠，直径 10～14μm，密度 1.1g/cm³，折射率 1.45～1.47，在空气中呈白色粉末状，见图 4-1-9。

激光发生器性能也会对采集的图像质量产生影响，提高光源强度能够提高图像质量，同时，激光片光厚度也会对质量产生影响。试验采用片光源激光器，型号为 EP532-3W，见图 4-1-10。其发射激光为线偏振光，偏振比

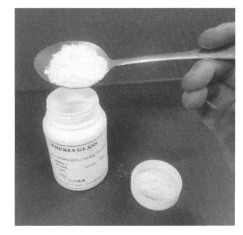

图 4-1-9　某品牌的空心玻璃微珠

大于 100 : 1，激光波长为 532nm，片光束厚度为 0.5～1mm。片光源激光器与被跟踪粒子组合使用效果见图 4-1-11 溴化钙溶液中受激发的被跟踪粒子图像。

图 4-1-10 片光源激光器实物图

图 4-1-11 溴化钙溶液中受激发的
被跟踪粒子图像

为检验 PTV 试验可行性及试验装置参数调整，先将被跟踪粒子撒入纯净水进行循环抽水预试验，见图 4-1-12（a）。可见被跟踪粒子悬浮在水中，在激光激发下散发光点。现采用蠕动泵从左侧抽水，右侧排水，图像采集时间间隔为 0.5s，经软件处理前后连续的两张图像后得到如图 4-1-12（b）所示液体渗流矢量图。可见上层液体统一地向左流动，靠近抽水管处略向左下弯折；下层液体则受压有部分向右流动。整体最大渗流位移出现在补给管出口，计算后可得最大渗流速度为 15.9mm/s。

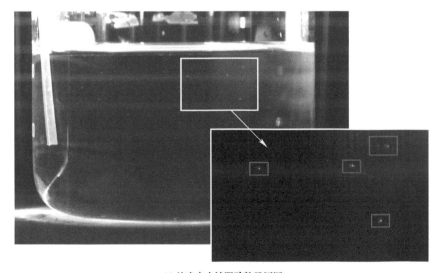

(a) 纯净水中被跟踪粒子原图

图 4-1-12 PTV 观测系统预试验（一）

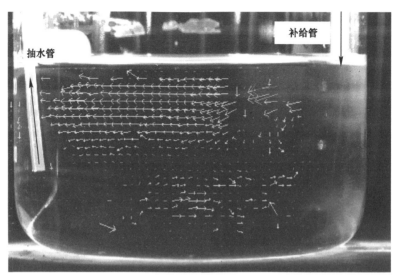

(b) 液体渗流矢量图

图 4-1-12　PTV 观测系统预试验（二）

通过预试验可见 PTV 试验结合被跟踪粒子可以展示渗流场中液体的渗流方向与速度，揭示液体渗流规律。故采取同样方法，以预试验作为基础应用于承压含水层基坑减压降水试验。

（4）试验工况设计

全面考虑基坑降水方案及悬挂式隔水帷幕对降水效果的影响，在控制变量法的基础上选取坑内降深、帷幕插入深度等指标作为研究线状基坑减压降水渗流规律的控制性因素。基于试验单一变量准则，共设计 11 组工况，通过对上述指标进行试验对比分析，研究各控制性因素对降水效果的影响，具体试验工况见表 4-1-1。由于坑内水头不得低于隔水帷幕底端，故缺失工况编号 1-4 降深 15cm 情况。

不同的承压含水层中，相同的帷幕插入深度带来的阻水效果可能会不同，因为其还取决于承压含水层的厚度。现定义帷幕插入比为帷幕插入深度与含水层厚度之比，即 S/T，通过竖直方向隔水帷幕占含水层的比例表现隔水帷幕止水特征。基坑降水示意图见图 4-1-13。

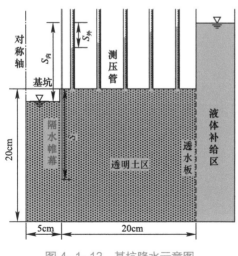

图 4-1-13　基坑降水示意图

试验工况方案 表4-1-1

工况编号	隔水帷幕深度（cm）	帷幕插入比	坑内降深（cm）
1-1			5
1-2	4	0.2	7.5
1-3			10
2-1			5
2-2	10	0.5	7.5
2-3			10
2-4			15
3-1			5
3-2	16	0.8	7.5
3-3			10
3-4			15

在实际渗流场问题中，研究人员主要关心两部分内容：基坑涌水量大小、坑外水头的分布情况，特别是坑外最低水头，这标志了隔水帷幕的阻水能力。现定义无量纲隔水有效比（WER）为坑内坑外降深之差与坑内降深之比，即 $WER = \dfrac{S_{内} - S_{外}}{S_{内}}$。$WER = 0$，坑内外水头相同，相当于无隔水帷幕；$WER = 100\%$，坑外水头与原水头相同，相当于落底式隔水帷幕完全阻断基坑内外水力联系。

（5）试验相似比

由于试验是室内小比例尺模型试验，且仅针对土体孔隙液体渗流场分析，暂时忽略土体变形，故仅需要考虑流体相似比的影响。根据流动相似准则，模型渗流场与原型渗流场应满足三大条件：几何相似、运动相似、动力相似，且初始条件与边界条件一致，才能将模型结果换算后应用于原型。

几何相似是指原型与模型的外观相似，且其对应的几何尺寸成一定比例。考虑试验结果的直观性，将几何尺寸相似比定为 $\lambda_1 = 100$，原型与模型尺寸对照关系见表4-1-2。

原型与模型尺寸对照关系 表4-1-2

类别	含水层厚度（m）	补给区长度（m）	基坑宽度（m）	隔水帷幕深度（m）	管井直径（m）
原型	20	20	10	4～16	0.2
模型	0.2	0.2	0.1	0.04～0.16	0.002

运动相似是指原型与模型的流速与加速度方向一致，大小维持固定比例关系。通过上节渗透系数测量可知溴化钙溶液在石英砂中的渗透系数与实际承压含水层的渗透系数相似，故将渗透系数相似比定为 $\lambda_K = 1$，间接定义时间相似比 $\lambda_t = \lambda_l / \lambda_K = 100$，由此可以根据时间相似比计算流速相似比 $\lambda_v = \lambda_K = 1$，流量相似比 $\lambda_Q = \lambda_v \lambda_l^2 = 10000$。

动力相似是指原型与模型流动场中各对应点作用力方向一致，大小保持固定比例关系。考虑试验在 1g 自然重力条件下进行，取重力相似比 $\lambda_g = 1$，按比例缩小力相似比，取为 $\lambda_F = 1 \times 10^6$，则压力相似比 $\lambda_P = \lambda_F \lambda_l^{-2} = 100$。由于试验中压力主要通过承压水水头压力的形式呈现，密度相似比应通过孔隙液体密度求得，水头降深相似比应通过静水压力公式求得。通过对事先配置好的 57% 浓度溴化钙溶液进行监测，可知其密度为 $1580 \mathrm{kg/m^3}$，与水密度相比，孔隙液体密度相似比 $\lambda_\rho = 0.633$，水头降深相似比 $\lambda_{\Delta h} = 158$。

4.1.2　试验过程

（1）配制透明土

熔融石英砂在制作过程中，难免混入部分杂质。为避免影响后续激光散斑场的形成，需要将熔融石英砂放入 300 目筛网中用净水冲洗后，放入烘干箱烘干，待冷却干燥后密封储藏。

已知熔融石英砂的折射率为 1.4584，需要调整溴化钙溶液的浓度使其折射率与之匹配，达到最佳透明度。现通过阿贝折射仪测量溶液折射率，并调整浓度，见图 4-1-14。折射仪采用目视瞄准，测量范围 1.3000～1.7000nD，准确度为 ±0.002nD。配制孔隙溶液时，先向烧杯中放入称重后的溴化钙粉末，再以 65% 浓度为标准倒入蒸馏水，不断搅拌，待所有溶质溶解，溶液温度降回室温后，用滴管缓慢加水，搅拌后，将少许溶液滴在折射仪棱镜表面，测量其折射率。重复加水与测量操作，直到溶液折射率达到 1.4584。经测定，当溶液浓度为 58% 时，折射率为 1.4584，与熔融石英砂折射率匹配，即按照此浓度进行孔隙溶液配制。

配制透明土时，要特别注意透明土中气泡的出现。由于气泡非常小，且气泡折射率较小，会使激光照射发生全反射，遮盖被跟踪粒子图像。另一方面，由于气泡密度小，

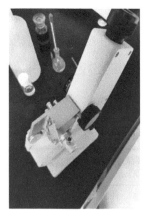

图 4-1-14　阿贝折射仪

会在液体上表面漂浮，与被跟踪粒子运动有较大差异。图像处理时若混淆气泡与被跟踪粒子的速度矢量，会导致速度场的测量出错。

因此，配制透明土时，应分层制作，避免气泡的产生。首先，向模型箱中倒入固定浓度的孔隙液体，一般以 5cm 高度为准，其次，将处理后的熔融石英砂缓慢撒入溶液中，撒入高度不宜过高，防止带入气泡，在倾倒过程中应用玻璃棒搅拌，排出底部气泡。最后，如此重复分层配制动作，直到土体达到所需高度。配制完成透明土后，需要将模型箱密封并避光保存，静置一天，防止溴化钙溶液被空气氧化变黄。由此得到的透明土拥有较好的透明度，见图 4-1-15。

图 4-1-15 透明土效果图

（2）测量渗透系数

透明土渗透系数大小会对基坑渗流量产生较大影响，试验参照《土工试验方法标准》GB/T 50123—2019 测定土体渗透性能，采用 TST-55 土壤渗透仪进行透明土渗透试验，见图 4-1-16。其中，试样盒中是配制好并静置后的透明土。特别注意的是，由于透明土试验中应采用特制孔隙液体替代天然土体的地下水，故测量渗透系数时也需要将变水头管中的水替换为固定浓度的溴化钙溶液才能测得实际渗透系数。

图 4-1-16 透明土渗透试验

将试样装好后连接水头装置，保证排去土体中的气体后，开始记录数据，记录初始时间 t_1 及初始水头 H_1，待液体平稳滴落后记录终止时间 t_2 及终止水头 H_2，代入式（4-1）计算，并进行多次试验取平均值。

$$k_r = 2.3 \frac{aL}{A(t_2 - t_1)} \lg \frac{H_1}{H_2} \qquad (4-1)$$

式中，k_r 为变水头渗透系数；a 为变水头管的断面面积；L 为试样土体高度，固定为 4cm；A 为环刀断面面积 30cm^2。

经多次试验，确定试验所用透明土渗透系数为 1.02cm/s。

（3）试验步骤

1）准备阶段

① 密封模型箱

对试验所需器材进行预处理，由于隔水帷幕与模型箱主体之间存在缝隙，液体可能直接从帷幕两侧渗流，使隔水帷幕失去阻水能力，由此对隔水帷幕与模型箱之间的密封连接提出了较高要求。使用热胶枪将隔水帷幕按照工况组别的要求插入深度与模型箱两侧固定，待固定牢固后，用水溶性颜料检验密封效果，若出现透水薄弱区域则重新固定。试验模拟针对承压含水层，其顶部水头高度大于透明土区高度，要求顶盖与模型箱主体之间有较高的密封性，在后续试验步骤采用同样方式固定连接模型箱与顶盖。

② 配制透明土

首先，按照预先确定的浓度配制溶液，通过蠕动泵将溶液从模型箱底部缓慢注入。

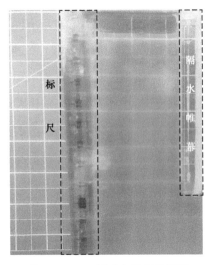

图 4-1-17　透明土局部效果图

之后，用小勺将洗净烘干的熔融石英砂从液体表面均匀撒入，为尽量减少气泡的产生，配置时，以 3cm 高度为一层，逐层向上撒入，不停用玻璃棒在透明土中搅拌，使透明土中的小气泡上浮。为完全去除气泡，可以使用激光器片光源照射透明土截面，定位气泡位置，提高气泡清除工作效率。待本层气泡完全消除，再撒入石英砂。在配制过程中，溶液面高度始终高于石英砂高度。配制完成后，需要用封口收缩膜将模型箱顶部封口，并将其置于黑暗干燥环境中，防止溶液受光照射变色。透明土局部效果图见图 4-1-17。

③ 调试与校正

将蠕动泵硅胶管进水口用 300 目纱网封闭后，插入基坑内部抽水，并用量筒记录抽水速率，按照实际抽水量校正蠕动泵抽水速率。为观测孔隙液体流动，还应在溶液中加入被跟踪粒子，但被跟踪粒子无法从溶液中分离去除，应特别注意控制每次加入量。试验中，先将蠕动泵进水口置于基坑内，出水口置于液体补给区进行循环抽水，再手持药匙轻拍手腕，从补给区加入微量被跟踪粒子，直到可以从激光面中观测到有规模的被跟踪粒子的运动为止。试验要加入被跟踪粒子约 1g。以上工作结束后，将透明土静置一天以上，确认完全清除气泡。抽出部分溶液使液面略低于石英砂后，用刮刀将透明土顶部刮平，然后，将带测压管顶盖用力压在透明土顶部，确认土体与顶盖完全贴合后，用热胶枪将顶盖与模型箱主体密封，加入溶液，打开抽水循环，确保模型箱不漏水，准备试验。

2）试验阶段

① 建立观测系统

首先，保证室内为黑暗环境，打开激光片光器，照射模型箱侧面中央，呈现出透明土横截面。其次，将 CCD 相机与计算机连接，打开计算机中的后处理软件 MicroVec，观察实时图像，并调整 CCD 相机与三脚架的高度与位置，将模型箱拍摄完整。最后，细微调整 CCD 相机光圈与焦距，保证拍摄图像清晰，能在屏幕上观察到被跟踪粒子。实时采集图像见图 4-1-18。

② 修正数字标尺

为减小长度尺寸误差，可以修正数字标尺修正图像测量值与实测值之间的误差。由

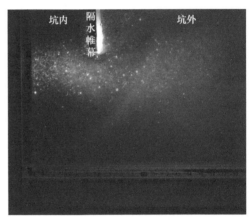

图 4-1-18 实时采集图像

于软件仅用单目测距方法估算真实距离，故可以用手动选取刻度标尺，并输入真实距离完成修正。

③ 设置数据采集

为全面跟踪被跟踪粒子的移动轨迹，选择图像采集间隔的时间一定要准确。如果时间间隔过大，相邻两张照片中的被跟踪粒子坐标会相差过大，导致同一粒子难以匹配；如果时间间隔过小，则会大大增加数据采集量，且难以展现稳定渗流场整体分布。由此根据渗流场中最大流速，估算图像采集间隔时间，再控制 CCD 相机拍摄。由于试验中渗流速度较大，故先将时间间隔设置为 0.1s，即 1s 采集 10 张图片，保证能够捕捉被跟踪粒子的连续运动，再根据不同工况的实际情况逐渐减小。

④ 降水精确控制

抽水时，坑内水头降深通过液体补给区与基坑内水头的水头差体现，故抽水时应当根据不同工况的降水要求放置蠕动泵抽水管，若水头降深超过 10cm，则必须将抽水管埋入基坑内部透明土一定深度，否则置于基坑表面抽水即可。将蠕动泵抽水管置于

液体补给区顶部后，可开始坑内降水。在观察基坑内部液面高度的同时，向液体补给区缓慢倒入溶液，保证在基坑水头不变的情况下使补给区液面升高，形成一定的水头差。同时微调蠕动泵抽水量，保证基坑内孔隙液体能够被及时抽走。

⑤ 采集试验数据

待整体渗流稳定后，开始图像采集，连续拍摄渗流试验激光面照片并存入硬盘供后续处理分析求得土体内部渗流场分布情况。除去记录被跟踪粒子的照片，还需要记录稳定渗流时坑外测压管的水头高度，并在保证水头差固定的情况下将蠕动泵出水管接入量筒，记录单位时间内的基坑涌水量。

由于三组工况中悬挂式隔水帷幕插入深度不同，因此需要在每组试验完成后取出透明土并重新调整隔水帷幕位置，重复以上步骤进行试验复做。若透明土透明度不满足试验要求，则应重新配制。为保证每组试验土体密实度与渗透系数相同，应将透明土静置于阴暗、恒温环境一天以上，待透明土沉降稳定后才可进行下一组工况试验。

4.1.3 试验结果

（1）采集图像分析

由于被跟踪粒子直径较小，仅为石英砂颗粒的百分之一，为便于肉眼观察，先将图像选定局部区域放大后进行处理。

图 4-1-19 为放大后的帷幕底部渗流连续图像，照片时间间隔为 0.3s。放大后可以通过肉眼直接观察到被荧光激发的被跟踪粒子。选取三个典型独立粒子进行分析，可见位于最下方的被跟踪粒子 a 在 1s 内便从隔水帷幕底部右侧坑外移动到了左侧坑内，运动速度接近 1cm/s，且运动方向由水平逐渐转为斜上方。左侧的被跟踪粒子 c 则揭示了坑内被跟踪粒子的运动轨迹，其运动速度远小于粒子 a 的运动速度，且运动方向也由斜向上转变为了竖直向上。两者中间的被跟踪粒子 b 则呈现了过渡阶段的粒子运动情况，可见粒子 a 在之后的运动轨迹可能会类似粒子 b 逐渐转向，最终变为坑内粒子 c 的竖直向上运动，之后的多张连续采集图片也能证明这样的规律。当粒子位于隔水帷幕底端时，其运动速度远大于之后绕流中的运动速度。

需要说明的是，上述分析只是结合实拍图像证明通过被跟踪粒子观测孔隙流体渗流的可行性与可操作性。由于单个粒子在短时间内的短距离运动无法说明渗流场的整体分布，难以得知孔隙液体完整的渗流路径及流动规律，故后面将多组采集图片输入 PTV 计算软件 MicroVec 进行分析，并采用 Tecplot360 软件对结果进行后处理，通过计算机强大的数据处理能力得到渗流场分布情况及流线图。

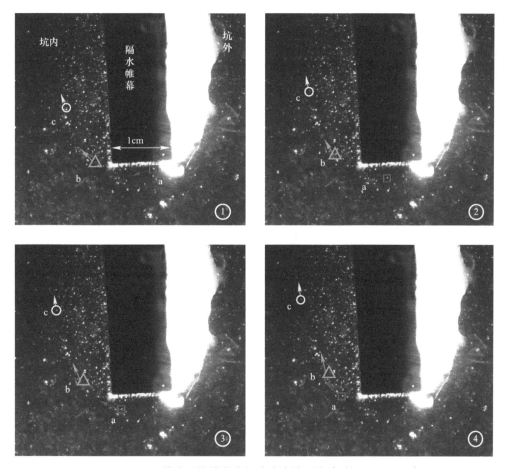

图 4-1-19　放大后的帷幕底部渗流连续图像（时间间隔 0.3s）

（2）渗流场分析

图 4-1-20（a）～（c）是帷幕插入比分别为 0.2、0.5、0.8，即隔水帷幕插入 4cm、10cm、16cm 时的承压水渗流场。

可见不同帷幕插入比下孔隙液体的渗流路径有相似之处，都是从右侧液体补给区向左侧基坑水平渗流进行补给，在遭遇竖向隔水帷幕的阻碍后逐渐改变渗流方向，向隔水帷幕底部集中。水平流过隔水帷幕底部后，迅速转为竖直向上并由管井抽出，形成了所谓的"绕流"。其中，帷幕插入比 0.2 的渗流场略有不同，由于其插入深度较浅，孔隙液体受到的阻碍作用较为有限，大部分渗流在穿过隔水帷幕底部前就已有向上的速度，故与帷幕插入深度较深时水平流过帷幕底部的情况不同，渗流斜向上流过帷幕底部。同时观察插入比 0.2 与 0.5 情况的渗流场，可见帷幕底部深处土体渗流速度远不及靠近帷幕底部的渗流速度，这也与深处土体不易受渗流影响的自然规律相同。

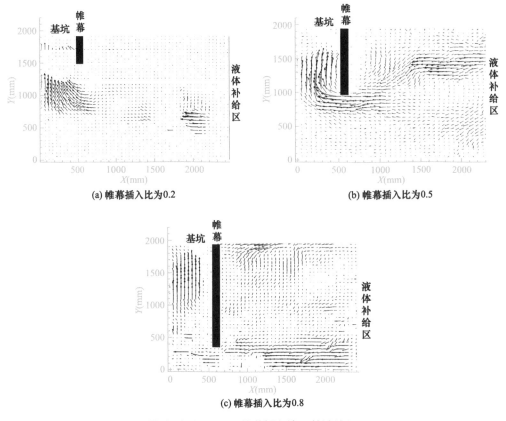

(a) 帷幕插入比为0.2

(b) 帷幕插入比为0.5

(c) 帷幕插入比为0.8

图 4-1-20　不同帷幕插入比下的渗流场

　　综上所述，由于帷幕插入深度不同，各渗流场均有细微差异，但以上渗流场证明了悬挂式隔水帷幕能够延长渗流路径，减少地下水运动能量，增加基坑承压水降水效率。

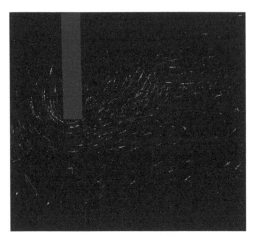

图 4-1-21　渗流场流线图

能够观察到不同情况下液体补给区的局部大渗流位置不同，这是由于试验时抽水循环系统的排水管放置高度不同所致。越靠近排水管口孔隙液体补给越多，渗流越快，且模型箱装置的液体补给区仅为小体积柱体，与自然条件下的常水头边界有所不同。另一方面，由于激光面宽度较窄，且无法限制土体中被跟踪粒子在垂直镜头前的运动，被跟踪粒子极易靠近或远离激光面，发生突然出现或消失的情况，最多在激光面上停留几帧，这对图 4-1-21 渗流场流线图的绘制造成了较大困扰。虽然大量被跟踪粒子足以勾勒出孔隙液体渗流趋势，因为由不同粒子组成，流线分段较多，且较为零碎，无法构成完整流线，所以，可以从试验装置改进的角度出发，解决这些问题。

（3）坑内降深影响分析

现保持帷幕插入比不变，通过改变坑内水头与补给区水头差来讨论承压含水层基坑减压降水时坑内降水深度对坑外水头、涌水量及渗流场所产生的影响。图 4-1-22（a）～（c）分别为帷幕插入比 0.5 时坑内降深 5cm、10cm、15cm 下稳定渗流场坑外水头的情况。将水头数据整理，得到帷幕插入比为 0.2、0.5、0.8 时的坑外水头曲线，见图 4-1-23。为便于分析，将坑内水头定为基准面水头。

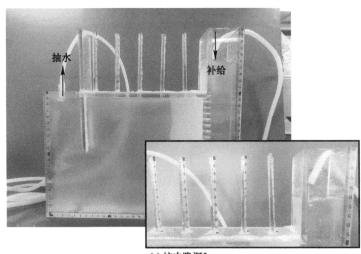

(a) 坑内降深5cm

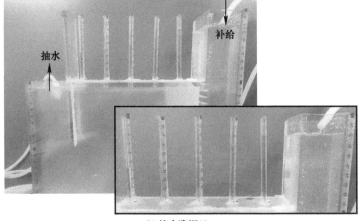

(b) 坑内降深10cm

图 4-1-22　不同坑内降深时坑外水头值（一）

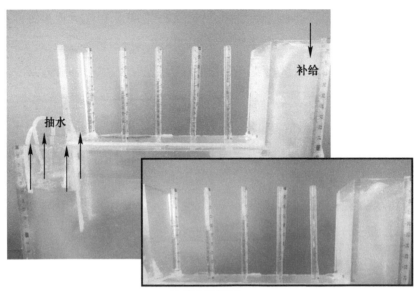

(c) 坑内降深15cm

图 4-1-22 不同坑内降深时坑外水头值（二）

观察图 4-1-23 可知隔水帷幕两侧有较大水头差，坑外水头远高于坑内水头，且坑内降水深度越大，坑外水头越高。不同于圆井降水的坑外漏斗形曲线，线状基坑横断面的坑外水头曲线近似为线性分布，但随降水深度越大，水头曲线斜率也越来越大。

引用上一节的隔水有效比 WER，采用基坑内外水头的比值定义隔水帷幕阻水能力。帷幕插入比为 0.2 时，WER 值为 36%、37.3%、39%；帷幕插入比为 0.5 时，WER 值为 60%、62.67%、63%、63.3%；帷幕插入比为 0.8 时，WER 值为 76%、76%、77%、76.7%。可见在帷幕插入深度不变的情况下，WER 值随基坑降深增大略有增大，但基本保持不变，这说明隔水帷幕阻水能力主要与自身位置有关，不受降水深度的影响。当然，随降水深度增大，悬挂式隔水帷幕的阻水效果也逐渐显现，故隔水有效比试验值略有增大。

另一方面，基坑涌水量变化较大。帷幕插入比为 0.2 时，随着降深增大，基坑涌水量为 84.8ml/min、124.1ml/min、173.2ml/min。帷幕插入比为 0.5 时，基坑涌水量为 72ml/min、109.5ml/min、142.9ml/min、224.3ml/min；帷幕插入比为 0.8 时，基坑涌水量分别为 45.8ml/min、66.4ml/min、93.0ml/min、149.8ml/min。可知当帷幕插入深度不变时，基坑涌水量会随着坑内降水深度增大而增大。且将基坑涌水量根据帷幕插入深度分组可知，帷幕插入深度越大的组别总体基坑涌水量越小，这与实际施工中增大隔水帷幕插入深度以减小基坑涌水量的情况相符。

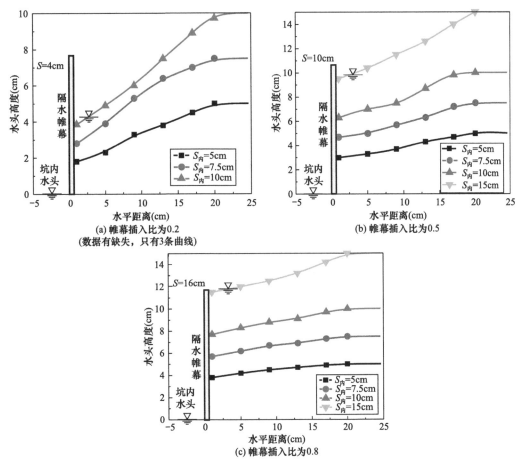

图 4-1-23 不同帷幕插入深度坑外水头曲线试验值

（4）帷幕插入比影响分析

将数据整理后得到如图 4-1-24 所示的坑内降深相同时坑外水头曲线，其中图 4-1-24（d）中坑内降深 15cm 过大，故帷幕插入比为 0.2 的数据缺失。

观察图 4-1-24 可知随着隔水帷幕插入深度增大，坑外水头高度逐渐增大，基坑内外的水头差也逐渐增大。越靠近基坑的坑外水头增大幅度越大，越靠近基坑外坑外水头增大幅度越小。这与实际工程中增大隔水帷幕深度，减小坑外水头变化的情况相符。

然而隔水帷幕插入比与隔水有效比 WER 值并非简单的线性关系。隔水帷幕插入比为 0.2 时，WER 均值为 37.5%；隔水帷幕插入比为 0.5 时，WER 均值为 62.3%；隔水帷幕插入比为 0.8 时，WER 均值为 76.4%。可见当帷幕插入比较小时，隔水帷幕就能起到一定的阻水作用，随着帷幕插入比增大，其阻水能力也逐渐增大，但在一定范围内

WER 值的增长率比帷幕插入比的增长率低。例如，当隔水帷幕在 0.5～0.8 时，帷幕插入比增大了 30%，而 *WER* 值却仅增大了 14.1%。这样做增大了隔水帷幕的施工费用，却没有起到相应的阻水效果，经济效益较差。但另一方面也说明了隔水帷幕的插入比存在一个合理范围，能够以最小的插入深度来得到最佳的阻水效果。具体内容将在下一章继续讨论。

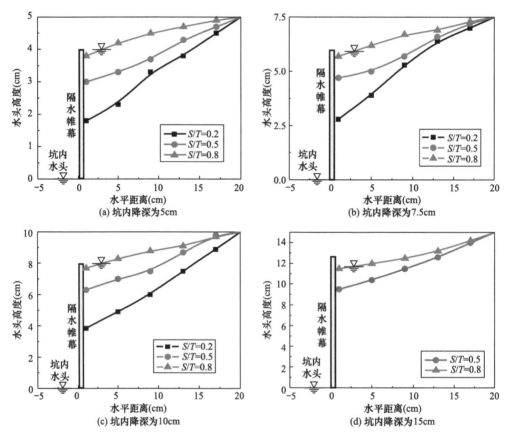

图4-1-24　坑内降深相同时坑外水头曲线试验值

（5）基坑涌水量变化分析

将不同工况下的基坑涌水量整理后，绘图，得到降水深度对基坑涌水量影响，见图4-1-25，图中直线为降水深度小于10cm的线性拟合结果。各拟合直线斜率随帷幕插入比增大逐渐减小，分别为17.14、14.29、9.3。

观察拟合结果，可见当降水深度小于10cm时，涌水量与降水深度基本呈正比例关系，且帷幕插入比越大，基坑涌水量整体越小。然而，当降水深度大于10cm时，基坑涌水量不再符合线性关系，大于拟合值。这可能是由于承压含水层水头为10cm，当坑内降深低于承压含水层顶板深度时，需要将管井插入承压含水层顶部，造成了渗流路径的变窄，导致基坑涌水量略有增大。而当坑内降深高于承压含水层顶板时，则不受此影响。

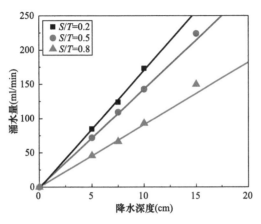

图 4-1-25　降水深度对基坑涌水量影响

4.2 基坑承压水减压降水渗流分析

为进一步分析线状基坑减压降水对周边渗流场的影响，本节从不同形式基坑渗流模型及分析方法出发，从基本原理上对比分析两者差异。在明确线状基坑属于二维平面问题后，建立线状基坑减压降水计算模型，推导适用于线状基坑承压含水层渗流场的计算方法（能够求解不同工况下的水头降深及基坑涌水量）。根据与第三章试验结果、其他工程实例及数值模拟结果的比较，表明理论解在帷幕插入比大于 0.5 时的准确性，并通过降水参数分析研究帷幕插入深度、坑内降水深度及坑外补给长度对渗流场的影响规律，获得的基坑渗流场变化规律为之后的线状基坑周边环境影响规律研究打下基础。

4.2.1 不同形式基坑承压含水层渗流场分析

（1）面状基坑渗流模型及分析方法

《建筑与市政工程地下水控制技术规范》JGJ 111—2016 中，将圆形或长宽比小于 20 的矩形基坑称为面状基坑。一般通过将基坑内的群井简化为一口圆形大井，再采用大井法完整井公式计算流量，当存在悬挂式隔水帷幕时，则采用修正后的非完整井公式计算流量。

1863 年法国水利工程师裘布依提出了著名的稳定流计算模型，该计算模型假定均质、各向同性、隔水底板水平的圆柱形岛状承压含水层，其半径为 R，且外侧边界保持定水头 H 不变。当外界涌向井口的补给量与抽水量相同时，假定水流为水平径向流，等水头面则近似以井为轴的同心圆柱，显然通过各渗流断面的流量相等。综上所述，以井轴为柱坐标系 h 轴，隔水底板为 r 轴建立极坐标系解决轴对称问题，将三维地下水流简化为一维流动，裘布依稳定流计算模型见图 4-2-1。

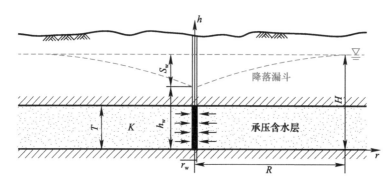

图 4-2-1　裘布依稳定流计算模型

等厚的承压含水层中，各渗流断面流量 Q 见式（4-2）。

$$Q = KA\frac{\mathrm{d}h}{\mathrm{d}r} \tag{4-2}$$

式中，K 为含水层渗透系数；A 为渗流断面面积；$\mathrm{d}h/\mathrm{d}r$ 为水力坡度。由于渗流断面为圆柱面，其面积为 $A = 2\pi rT$，T 为承压含水层厚度，r 为半径；h 从 h_w 到 H，求定积分可得式（4-3）。

$$Q = \frac{2\pi KT(H - h_\mathrm{w})}{\ln(R/r_\mathrm{w})} = 2.73\frac{KTS_\mathrm{w}}{\lg(R/r_\mathrm{w})} \tag{4-3}$$

式中，h_w 与 S_w 为井中水位与井中降深；H 为原水头高度；承压含水层中的影响半径 R 由公式 $R = 10S_\mathrm{w}\sqrt{K}$ 确定。式（4-3）即为承压水井的裘布依稳定流流量公式。改变积分上下限还可得到式（4-4）的承压含水层降落曲线方程，见式（4-4）。

$$h = h_\mathrm{w} + (H - h_\mathrm{w})\frac{\ln(r/r_\mathrm{w})}{\ln(R/r_\mathrm{w})} \tag{4-4}$$

将降落曲线方程绘出，可见完整井附近水头曲线呈漏斗状，井中心水头为最低，且越靠近中心水头下降速度越快，向外水头逐渐趋近自然水头，这也就是所谓的降落漏斗。

不同于贯穿全部承压含水层的完整井，承压水非完整井的过滤器仅在承压含水层部分深度贯穿，通常用相对井深 M/T 这一概念衡量其不完整程度，式中，M 为滤管长度。由于非完整井降水效果不如完整井降水效果好，分析时一般采用附加阻力系数法将其等效为承压水完整井后再用袭布依公式计算。这是因为非完整井附近水流不再是水平径向流，流线产生了转折与扭曲，产生的附加阻力使其等效的完整井井径小于实际井径，由此引入附加阻力系数 f_0，并将原承压水完整井公式中的 $\lg(R/r_w)$ 转化为 $\lg(R/r_w) + f_0$，可得到式（4-5）。

$$Q = \frac{2\pi KT(H - h_w)}{\lg(R/r_w) + f_0} \quad (4-5)$$

然而，上述理论公式推导未考虑基坑外的隔水帷幕，仅求解单井抽水问题。为将大井法应用于实际工程，需要将隔水帷幕不透水区域视作非完整井无滤管处，将隔水帷幕未穿透区域视作非完整井滤管抽水处，可将面状基坑及内部井群视作圆形大井。涌水量计算公式见表4-2-1。

涌水量计算公式　　　　　　　　　　　　　　　　　　表 4-2-1

等效大井类型	公式
潜水完整井	$Q_p = \dfrac{1.366K(2H - S_w)S_w}{\lg[(R + r_0)/r_0]}$
承压水完整井	$Q_p = \dfrac{2.73KTS_w}{\lg[(R + r_0)/r_0]}$
潜水非完整井	$Q_p = \dfrac{1.366K(H^2 - h_w^2)}{\lg[(R + r_0)/r_0] + \dfrac{\bar{h} - l}{l}\lg(1 + 0.2\bar{h}/r_0)}$
承压非完整井	$Q_p = \dfrac{2.73KTS_w}{\lg[(R + r_0)/r_0] + \dfrac{T - l}{l}\lg(1 + 0.2T/r_0)}$

注：表4-2-1中，S_w 为设计降水深度；l 为滤管有效工作部分长度；$\bar{h}$ 为平均动水位，按公式 $\bar{h} = \dfrac{H + h_w}{2}$ 计算；r_0 为等效大井半径，可按 $r_0 = 0.565\sqrt{F}$ 计算，F 为井点系统的围合面积。

（2）线状基坑渗流模型及分析方法

现行规范中，将长宽比大于50的基坑视作线状基坑，按集水廊道法计算涌水量。不同于大井法理论中地下水以井点作为中心产生水平径向流，廊道法假定含水层中有无限长直廊道，则地下水从两侧向中心廊道进行水平补给。特别注意，若取垂直于基坑长度的横截面进行分析，可知流体质点近似地在各自的铅直横截面中运动，且在垂直于渗流平面的直线上各质点运动相同，由此可将三维基坑渗流问题简化为二维稳定渗流平面问题。此时渗流场中任意点的渗流速度仅有在横截面上的分量，而没有纵

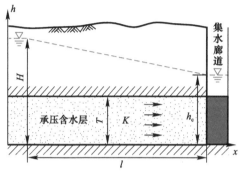

图 4-2-2 集水廊道法计算模型

向的分量，故仅研究横截面即可得到整体渗流规律。显然，若忽略隔水帷幕影响，线状基坑就类似于假想的无限长直廊道，且由于研究针对横截面进行分析，流量计算时得到的结果也往往是每延米涌水量 q。一般以竖直方向为 h 轴，水平方向为 x 轴，见图 4-2-2。

根据上述分析，可知承压水廊道地下水渗流方向以横截面上的水平流向为主，通过直接带入达西定律公式计算，得式（4-6）。

$$q = KT\frac{H - h_c}{l} \tag{4-6}$$

其水头线方程见式（4-7）。

$$h = H - \frac{H - h_c}{l}x \tag{4-7}$$

式中，H 为原水头高度；h_c 为廊道中水头高度；l 为补给长度。由公式可知水头为线性分布，与达西定律完全一致。事实上，砂层中的承压水水平层流符合达西定律的适用条件。

根据上述分析可知，受到解析方法的局限性，求解含水层渗流场时往往将复杂渗流场简化为一维流再进行求解。然而，随着工程项目技术复杂性的提升，部分问题无法简化为一维流问题。例如在本书第 2 章室内试验观察到的渗流中，由于悬挂式隔水帷幕的阻水作用，地下水在部分区域产生了竖向渗流，见图 4-2-3。

前人在如何解决二维平面渗流问题上提出了若干方法，其中，以流网图像的分

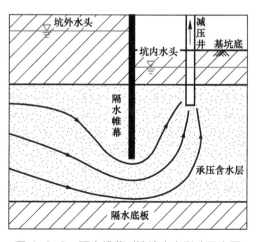

图 4-2-3 隔水帷幕对渗流方向影响示意图

析与绘制作为基础。流网是指二维平面渗流中由一组流线与一组等势线相互正交所构成的网络图。通过流网可以观察地下水渗流方向与水头大小，并计算渗流速度、渗透压力与渗流量等，使其成为解决二维稳定渗流问题最全面、最直观的方法。且由于势函数 ψ 与流函数 ϕ 满足柯西—黎曼条件，故可用基于复变函数理论求解流函数与势函数。

保角变换法是通过几何角度研究复变函数的一种方法，最早由 H.H. 巴甫洛夫斯基应用于求渗流问题的精确解。其主要思路是利用空间变化将原有复杂的边界条件简化，映射到另一复平面上的现成已知场域中，反推即可得到渗流场复数坐标 $z = x + iy$ 与复数位势 $\omega = \varphi + i\psi$ 之间的联系。见表 4-2-2，渗流场边界条件主要分为以下几种：

渗流场边界条件　　　　　　　　　　　　　　表 4-2-2

类型	特征
透水边界	等势线，ϕ = 常数
不透水边界	流线，ψ = 常数
浸润表面	渗流压力等于大气压力，$\phi = y$
透湿边缘	渗流压力等于大气压力与毛细管压力之差，$\phi = y$

现以窄沟正对称流作为研究对象，根据对称性以 y 轴为对称轴将模型取半，采用保角变换法分析：

图 4-2-4（a）为正对称流半平面，各点坐标为复数坐标 $z = x + iy$。为将复数坐标与复数位势通过保角变换联系，需要找到由边界条件构成的渗流场复数位势 $\omega = \varphi + i\psi$，其区域是以流函数 ϕ 为 x 轴，势函数 ψ 为 y 轴的二维平面。CD 边作为窄沟透水边界，$\varphi = c$（常数），由于整个计算模型中 CD 边水头最低，故将其作为水头基准面，令 CD 边 $\varphi = 0$。其余边界 AD 与 ABC 为不透水边界，则势函数 ψ 均为常数。但根据流函数定义，可知两条流线间任意曲线单位厚度的体积流量应等于流线的流函数之差，可得 $q = \psi_D - \psi_C$，为便于下一步计算，仿照复数坐标平面对称性令 $\psi_D = q/2, \psi_C = -q/2$。综上所述，可知渗流场复数位势区是由三条直线 $\varphi = 0$、$\psi_D = q/2$、$\psi_C = -q/2$ 组成，见图 4-2-4（c）。

为将承压含水层中的水头分布 h 与势函数联系起来，令势函数 $\varphi = kh$，然后通过施瓦茨—克里斯托费尔公式将 ⓩ 区域保角映射到图 4-2-4（b）中的辅助半平面 ⑤ 上，得式（4-8）。

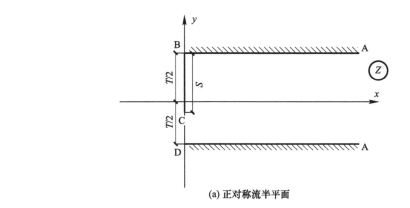

(a) 正对称流半平面

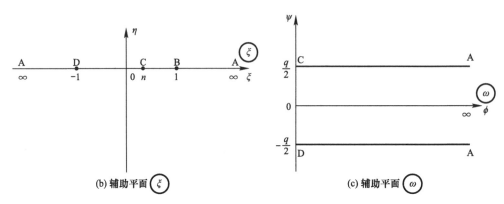

(b) 辅助平面 ξ

(c) 辅助平面 ω

图 4-2-4 窄沟正对称流渗流场计算示意图

$$z = C_1 \int \frac{\mathrm{d}\xi}{\sqrt{(1+\xi)(1-\xi)}} + C_2 = C_1 \arcsin \xi + C_2 \qquad (4\text{-}8)$$

再将 B 点及 D 点坐标代入，得 $C_1 = \dfrac{\mathrm{i}T}{\pi}$，$C_2 = 0$，见式（4-9）。

$$z = \frac{\mathrm{i}T}{\pi} \arcsin \xi \qquad (4\text{-}9)$$

后将 ξ 平面中的 C 点坐标带入式（4-9），可得式（4-10）。

$$n = \cos \frac{S}{T} \pi \qquad (4\text{-}10)$$

式中，S 为浅沟未穿透深度。再根据图 4-2-4（b）与图 4-2-4（c）之间的关系，得 ξ 平面与 ω 平面之间的转换公式，见式（4-11）。

$$\omega = C_1' \int \frac{\mathrm{d}\xi}{\sqrt{(\xi+1)(n-\xi)}} + C_2' = C_1' \arcsin \frac{\xi - \dfrac{n-1}{2}}{\dfrac{n+1}{2}} + C_2' \qquad (4\text{-}11)$$

将 C、D 点坐标带入式（4-11）消去未知数，可得 $C_1' = \dfrac{\mathrm{i}q}{\pi}$，$C_2' = 0$，见式（4-12）。

$$\omega = \frac{\mathrm{i}q}{\pi}\arcsin\frac{\sin\dfrac{-\mathrm{i}\pi z}{T} - \dfrac{n-1}{2}}{\dfrac{n+1}{2}} \tag{4-12}$$

式中，q 为每延米浅沟的单侧涌水量。由此得到式（4-12）的流网方程，为隐函数方程，难以观察渗流场上的位势分布。为求得等势线与流线的方程，需要将公式中的实数部分与虚数部分分开求解。现令 $S/T = 0.5$，即对窄沟深入承压含水层一半时的情况进行分析。令 $z = x + \mathrm{i}y$，$\omega = kh + \mathrm{i}\psi$，展开式（4-12）后得到一对非线性方程组式（4-13）。

$$\begin{cases} \sin\dfrac{-\pi\psi}{q} \cdot \cos h\dfrac{\pi kh}{q} = 2\sin\dfrac{-\pi y}{T} \cdot \cos h\dfrac{\pi x}{T} - 1 \text{（实部）} \\ \cos\dfrac{-\pi\psi}{q} \cdot \sin h\dfrac{\pi kh}{q} = 2\cos\dfrac{-\pi y}{T} \cdot \sin h\dfrac{\pi x}{T} \text{（虚部）} \end{cases} \tag{4-13}$$

在式（4-13）中，令 $h = C$（常数），即可求得等水头线的参数方程。其中，参数变量为 ψ，令 $\psi = C$，可求得以 h 为参数变量的流线参数方程。窄沟正对称稳定流流网见图 4-2-5，坐标轴与 4-2-4（a）对应。

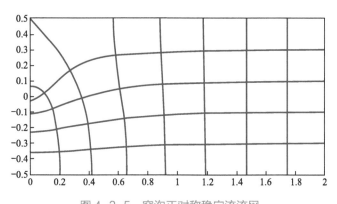

图 4-2-5 窄沟正对称稳定流流网

图 4-2-5 中流网由精确解析解得出，水平向曲线为渗流的流线，竖向曲线为等水头线，两两正交构成曲边矩形，且其边长比相同。由于左下角存在窄沟，流线自然向左下弯曲，这与实际情况相符。

再以有十字形板桩的等厚承压含水层渗流场作为研究对象，计算模型见图 4-2-6（a）。

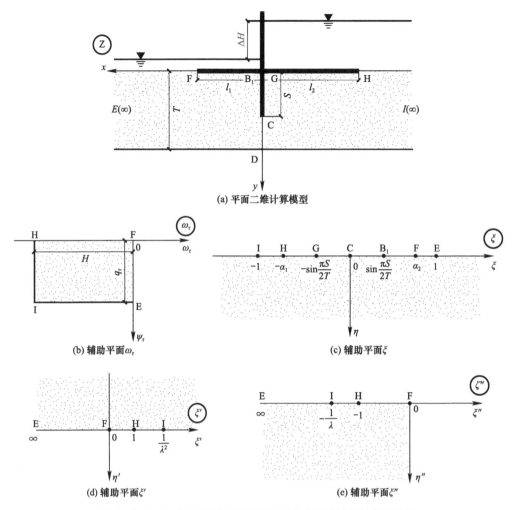

图 4-2-6　有十字形板桩的等厚承压含水层渗流场计算示意图

为便于计算，不研究复数位势 ω，而对折算复数位势 $\omega_r = \omega/k = \varphi_r + \mathrm{i}\psi_r$ 进行研究，即假定 $k = 1$ 时的复数位势，并且称 ϕ_r 为折算位势，ψ_r 为折算流函数，然后令势函数 $\omega = -kh$，找出渗流折算复数位势的区域。若取下游水头为水头基准面，则下游透水底边 EF 边上 $\omega_r = 0$，上游透水底边 HI 边上 $\omega_r = -\Delta H$。观察十字形不透水板桩的边缘 FBCGH 均为流线，取其为流势基准面，令其流函数 $\psi_r = 0$，又由于下层隔水层顶面 EI 为流线，故 $\psi_r = C$（常数）。又根据流函数定义可得 $q = \psi_{DG} - \psi_{CBAEF} = kC$，故 $\psi_r = q/k = q_r$。最终得到图 4-2-6（b）折算复数位势 ω_r 的平面区域是由四条直线 $\varphi_r = 0$、$\varphi_r = -\Delta H$、$\psi_r = 0$、$\psi_r = q_r$ 所围成的长方形。

为将 ω_r 区域保角映射到 z 区域上，需要用一系列较简单的映射和辅助平面达成目标。考虑将带有细裂缝的矩形 z 区域通过式（4-14）保角映射到如图 4-2-6（b）所示

的辅助半平面 ξ 上。

$$\xi = \sqrt{\tan^2 \frac{\pi S}{2T} \tanh^2 \frac{\pi z}{2T} \cdot \cos \frac{\pi S}{2T}} \tag{4-14}$$

图中，$\alpha_1 = \sqrt{\tan^2 \frac{\pi S}{2T} + \tanh^2 \frac{\pi l_1}{2T}} \cdot \cos \frac{\pi S}{2T}$，$\alpha_2 = \sqrt{\tan^2 \frac{\pi S}{2T} + \tanh^2 \frac{\pi l_2}{2T}} \cdot \cos \frac{\pi S}{2T}$。通过线性函数变换式（4-15），将半平面 ξ 保角映射到如图 4-2-6（c）所示的半平面 ξ' 上，得式（4-15）。

$$\xi' = \frac{(1+\alpha_1)(\alpha_2-\xi)}{(\alpha_1+\alpha_2)(1-\xi)} \tag{4-15}$$

图中，$\lambda = \sqrt{\dfrac{2(\alpha_1+\alpha_2)}{(1+\alpha_1)(1+\alpha_2)}}$，之后再通过式（4-16）叉幂函数将半平面 ξ' 映射到图 4-2-6（d）半平面 ξ'' 的第二象限上。

$$\xi'' = \sqrt{\xi'} \tag{4-16}$$

最终，将 ω_r 区域通过式（4-17）第一类椭圆积分的反函数映射到半平面 ξ'' 的第二象限上。

$$\xi'' = \mathrm{sn}\left(\frac{K\omega_r}{H}, \lambda\right) \tag{4-17}$$

式中，K 为有模数 λ 的第一类全椭圆积分，且由式（4-18）相互联系。

$$\frac{q_r}{\Delta H} = \frac{K'}{K} \tag{4-18}$$

式中，K' 是有着副模数 $\lambda' = \sqrt{1-\lambda^2}$ 的第一类椭圆积分。

将式 (4-15)～式（4-18）联立，得到式（4-19）。

$$\mathrm{sn}^2\left(\frac{K\omega_r}{\Delta H}, \lambda\right) = \frac{(1+\alpha_1)(\alpha_2-\xi)}{(\alpha_1+\alpha_2)(1-\xi)} \tag{4-19}$$

式中，变量 ξ 可由式（4-14）确定，最终，通过多次保角变换得到复数位势 ω_r 与复数坐标 z 之间的关系。

（3）面状基坑与线状基坑对比分析

通过上述内容分析可知，不同形状基坑的基本假设、理论模型及分析方法有所不同。面状基坑属于轴对称，分析时，将承压含水层化为圆柱形含水层，将基坑内井群化为非完整井，采用大井法计算。而线状基坑则属于二维平面，分析时，选取基坑横断面进行分析，采用复变函数理论求解流网的流函数及势函数。现暂时忽略隔水帷幕影响，对比分析面状基坑与线状基坑的承压含水层降水渗流场进一步说明区别。

图 4-2-7 为两类基坑平面流网对比图。可见前者渗流以基坑为中心，从四面八方向基坑中央汇聚，且越靠近基坑，其等势面越密集；后者渗流则从线状基坑左右两侧向中央汇聚，等势面间距始终保持不变。对比可见虽然两类基坑周边地下水均为水平渗流，但由于基坑形式不同，导致平面汇流方向不同，故前者为轴对称问题，后者为二维平面问题。同时，渗流场的不同也会导致坑外水头的不同，面状基坑与线状基坑流网与水头对比图见图 4-2-8。

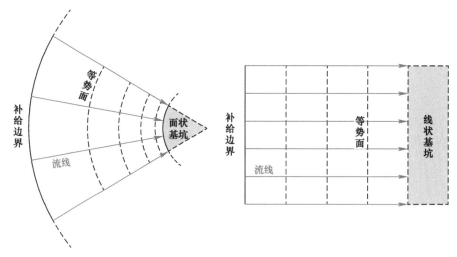

图 4-2-7　两类基坑平面流网对比图

在图 4-2-8 中，由于模型对称仅取一半进行展示。图片下半部分为坑外流网，其中竖线为等水头线，横线为流线，上部分 xy 坐标图则是坑外水头曲线。可见面状基坑与线状基坑在各自横截面上的流线均为水平方向指向基坑，根据流网的正交性可得二者渗流场的等势线为竖直方向。然而由于面状基坑建立在轴对称坐标中，实际等势面是以基坑为圆心的同心圆柱面，见图 4-2-8（a），不同于线状基坑等势面的竖直平面。另一方面，面状基坑等势面越靠近基坑，相互之间间距越小，而线状基坑等势面间距则相同。这是由于流体连续性，相邻流线间的流量应保持常数不变，越靠近中心面状基坑，其过水断面半径越小，为了使相邻流线间的流量保持常数不变，等势面间距必须加密。若将流网中流线方向定为长度，等势线方向定为宽度，推导可知轴对称流网网格长宽比会随半径减小而减小，且长宽比正比于离轴心的距离，而平面问题流网网格始终是长宽比不变的矩形。

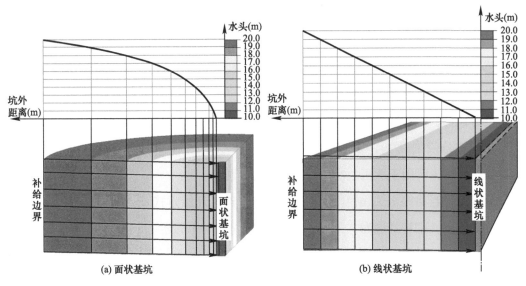

图4-2-8 面状基坑与线状基坑流网与水头对比图

流网网格的区别会进一步影响坑外水头的分布。由于相邻等水头线间隔相同的水头差，故面状基坑附近较小的水平距离出现了更快的水头下降，形成了坑外漏斗曲线。而线状基坑附近等势面间距相同，坑外水头分布为斜直线，水头高度与水平距离呈线性函数关系。同样，考虑隔水帷幕影响时的轴对称、流网与平面依旧符合以上规律，不同形式基坑减压流网横截面图见图4-2-9。

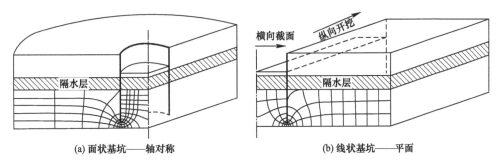

图4-2-9 不同形式基坑减压流网横截面图

综上所述，常规用于求解面状基坑的大井法并不适用于线状基坑，需要从解决二维平面问题的角度出发，才能给出更合理的解答。

4.2.2 基于分段法的线状基坑减压降水渗流计算方法

（1）巴甫洛夫斯基分段法概述

上节应用保角变换法求解了两个简单渗流场的流函数与势函数，然而当边界条件较为复杂时，无法直接求得其渗流场，需要通过一定的简化以求得近似解。在某些问题中，可以预先做出一些曲面，其近似于等水头面或流线形成的曲面，能够将复杂的二维渗流场划分为许多简单部分。然后通过复变函数理论求得简单流场精确解后，再根据各段间的相互联系即可得整个二维渗流场的近似解答，这就是 H.H. 巴普洛夫斯基提出的分段法。分段法求解的精确度取决于分段边界与实际等水头线或流线之间的近似程度，故分段法最早用于求解堤坝系统或有板桩的水工结构物渗流场近似解计算，但其适用性广，可用于承压含水层有压渗流场问题。

分段时，若将等水头线视作分段边界，则将这种连接方式称为"串联"；若将流线视作分段边界，则将其称为"并联"。串联时，根据流体的连续性，易知通过每一分段的渗流量相等，见式（4-20）。

$$Q_1 = Q_2 = \cdots = Q_n \tag{4-20}$$

式中，Q_n 为第 n 段渗流量。同时，若对每一个简单分段中的渗流场进行分析，即可得到此分段中水头损失与渗流量的关系，见式（4-21）。

$$Q_1 = f_1(H_1); Q_2 = f_2(H_2); \cdots; Q_n = f_n(H_n) \tag{4-21}$$

式中，H_n 为第 n 段水头损失。又由于流体的能量守恒，可知：

$$H_{\text{总}} = H_1 + H_2 + \cdots + H_n \tag{4-22}$$

式中，$H_{\text{总}}$ 为总水头损失。综合式（4-20）～式（4-22），可以根据比例关系确定 n 个分段中每一段的水头损失，并求出串联连接的分段渗流量 Q。

并联连接不同于串联连接，其每个分段的渗流量不同，但水头损失是相同的，见式（4-23）、式（4-24）。

$$H_1 = H_2 = \cdots = H_n \tag{4-23}$$

$$Q_{\text{总}} = Q_1 + Q_2 + \cdots + Q_n \tag{4-24}$$

式中，$Q_{\text{总}}$ 为总渗流量。类似的，综合式（4-21）、式（4-23）和式（4-24）可以根据比例关系确定 n 个分段中每一段的渗流量，并求出并联连接的分段的水头损失 H。

为便于分段法的应用，H.H. 巴普洛夫斯基建议将式（4-21）进行一定的修改，以式（4-25）处理有压渗透时化引渗透流量 q_r 与水头损失之间的联系，并将无量纲数 Φ 称作分段形状模数。式中化引渗透流量 q_r 即渗透系数为 1 时的每延米涌水量。

$$q_\mathrm{r} = \frac{H}{\Phi} \qquad (4-25)$$

现整理常见渗流场分段，并列举其形状模数，见表 4-2-3。

可见编号 1 可由式（4-6）推导得到，编号 2、3、6 等也在上节分析中出现。由于带悬挂式隔水帷幕的线状基坑渗流场较为复杂，考虑采用分段法对其进行研究。

分段形状模数   表 4-2-3

编号	分段类型	分段图形	形状模数
1			$\Phi = \dfrac{l}{T}$
2			$\Phi = \dfrac{l}{T} - 1.47\lg\left(\cos\dfrac{\pi S}{2T}\right)$，M 点水头：$h_\mathrm{M} = 1.47 q_\mathrm{r}\lg\cot\left[\dfrac{\pi}{4}\left(1-\dfrac{S}{T}\right)\right](l\geqslant T)$
3	有压平面问题		$\Phi = \dfrac{K'}{K}$，K 是模数为 $\lambda = \dfrac{\cos\dfrac{\pi S}{2T}}{\cosh\dfrac{\pi l}{2T}}$ 的全椭圆积分，K' 是具有副模数的全椭圆积分，M 点水头：$h_\mathrm{M} = \dfrac{h}{K'}F\left(\arcsin\dfrac{\sin\dfrac{\pi S}{2T}}{\lambda'},\lambda'\right)$
4			$\Phi = \dfrac{l}{T} - 1.47\lg\left(\sinh\dfrac{\pi b}{2T}\right)(l\geqslant T)$
5	有压轴对称问题		$\Phi = \dfrac{T}{4r_0}\left(1+\dfrac{4}{\pi}\arcsin\dfrac{r_0}{\sqrt{T^2+r_0^2}+T}\right)+0.19\lg\dfrac{R}{4T}$

续表

编号	分段类型	分段图形	形状模数
6	有压轴对称问题		$\Phi = 0.371 \times \lg \dfrac{R}{r_0}$
7	潜水平面问题		$\Phi = 2l$
8			$\Phi = 2l + 0.88T\,(h_1 \geqslant T + q_r)$
9	潜水轴对称问题		$\Phi = 0.73 \lg \dfrac{R}{r_0}$

（2）涌水量计算

现取带隔水帷幕的线状基坑减压降水渗流场中远离两端的某一稳定渗流横截面进行研究，则可以将复杂流场简化为二维平面问题，并考虑采用分段法结合保角变换法进行分析。由于渗流场正对称，故取半平面进行分析。特别的，又由于隔水帷幕的阻水作用会强制使渗流从其底部近似水平地流过，众多研究表明当帷幕插入比足够大时，帷幕底部中轴处会存在一条竖直等水头线，这与分段法串联连接的分段边界假设相符，基坑横截面减压降水计算模型见图4-2-10。

为使用分段法分析，还需进行一定的假设以满足分段法条件：① 忽略基坑两端，将线状基坑中部某一横截面简化为垂直二维稳定渗流。② 均质水平含水层各向同性且渗透系数相同。③ 隔水帷幕及隔水层渗透系数为0，忽略潜水层补给。④ 渗流为稳定达西流。⑤ 坑内水头简化为平面。⑥ 假定帷幕底中轴线处有一竖直等水头线。⑦ 基坑外一定距离处有一常水头补给或水头近似不变。

在以上假设的基础上，使用分段法，以隔水帷幕底部的竖直等水头线为分段边界，将二维渗流场分为坑内与坑外两部分。这两部分渗流场边界条件简单，已有精确解析解，且已在上文进行了推导。由表 4-2-3 可知，坑外段为编号 2 分段 $l=0$ 的特殊形式，坑内段则是编号 3 的分段形式。基于此，将图 4-2-10 简化后得到图 4-2-11 的分段法计算示意图。

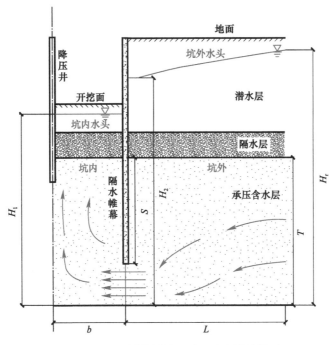

图 4-2-10　基坑横截面减压降水计算模型

对比表 4-2-3 中分段模型与图 4-2-11 计算示意图，可见坑外段边界与分段图形较相似，且右侧水头高于左侧水头，整体向坑内流动，T 为承压含水层厚度，S 为隔水帷幕插入深度，L 则变为了基坑外补给长度。故直接套用表 4-2-3 中公式计算形状模数，可知坑外段形状模数见式（4-26），并且可由公式求出 B_2 点水头，即坑外最低水头，将在下一节计算。

$$\varPhi_{外} = \frac{L}{T} - 1.47\lg\left(\cos\frac{\pi S}{2T}\right) \qquad （4-26）$$

坑内段边界条件与分段图形不同，基坑内部没有水平向挡板，仅有竖向隔水帷幕，故公式中水平挡板长度 $l=0$。代入表 4-2-3 的公式计算，可知坑内段形状模数如式（4-27）所示。

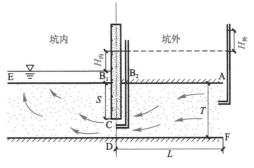

图 4-2-11　分段法计算示意图

$$\Phi_{内} = \frac{K'}{K} \tag{4-27}$$

式中，K 变为模数为 $\lambda = \cos\dfrac{\pi S}{2T}$ 的全椭圆积分，K' 是具有补模数的全椭圆积分。

得到每一段的形状模数后，可用式 (4-28) 求解渗透流量 q_r 与各段水头损失 H_n 之间的关系。形状模数的大小实际上标志了各分段的渗流阻力大小，形状越不规则，转折越突然，对渗流的阻碍作用越大，形状模数越大。根据这个规律，坑内水头不可能完全在基坑内部降低，必定在渗流过程中慢慢降低。根据坑内坑外两段形状模数的大小，按比例将整体水头损失分配到每一段中，即可得到基坑内外水头损失 $H_{内}$、$H_{外}$，由此得到各个关键点的水头大小，并推算出基坑涌水量，以此为基础，才能分析渗流场中其他位置的水头大小。渗透流量 q_r 求解见式 (4-28)，$H_{总}$ 为整体水头损失 $H_{总} = H_r - H_1$。

$$H_{总} = H_{内} + H_{外} = (\Phi_{内} + \Phi_{外}) \times q_r \tag{4-28}$$

由于计算模型仅取基坑渗流场的一半进行分析，求得渗透流量 q_r 后还需要通过 $Q = 2 \times k \times q_r$ 转换后得到每延米基坑涌水量 Q。

然而在实际工程场地上，土并非理想中的各向同性土，其各方向渗透系数不同，且一般水平方向渗透性优于竖直方向渗透性，这与上述假设不符。为解决各向异性土渗流问题，一般采用等效转换法将研究问题转化为各向同性土后求解。描述各向异性土渗流的二维形式见式（4-29）。

$$k_x \frac{\partial^2 h}{\partial x^2} + k_z \frac{\partial^2 h}{\partial z^2} = 0 \tag{4-29}$$

式中，h 为水头；x、z 为坐标轴的横轴与纵轴；k_x、k_z 是水平、竖直方向渗透系数。为消去 k_x、k_z，使公式成为各向同性渗流场的拉普拉斯方程，可以转变 x 轴，按式 (4-30) 进行转换。

$$k' \frac{\partial^2 h}{\partial x'^2} + k' \frac{\partial^2 h}{\partial z^2} = 0 \tag{4-30}$$

式中，$x' = \sqrt{k_z/k_x}$，$k' = \sqrt{k_x \cdot k_z}$。按此方法转化后，渗流场内各点势函数对应不变，渗流量也不变。针对有隔水帷幕的基坑减压降水渗流场，建议将坑外补给长度与渗透系数按照式 (4-31) 转化后再使用分段法处理，L' 为原补给长度。

$$\begin{cases} L = L' \cdot \sqrt{\dfrac{k_z}{k_x}} \\[3mm] k = \sqrt{k_x \cdot k_z} \end{cases} \qquad (4\text{-}31)$$

（3）基坑内外水头计算

求出坑内坑外水头与每延米基坑涌水量 Q 后，可以根据已有解析解求出各点近似水头。将坑外段视为有限承压含水层窄沟正对称渗流场的一半，已经推导并给出了以复变函数形式表示的复数坐标与复数位势之间的关系，如式 (4-12) 所示。代入相应的复数坐标，可求出各边的水头，即坑外水头曲线公式编号。坑外各边水头曲线公式如表 4-2-4 所示。

坑外各边水头曲线公式 　表 4-2-4

边界	复数坐标	水头曲线公式	公式编号
AB_2	$z = x + i \cdot \dfrac{T}{2}$	$h = \dfrac{q_r}{k\pi} \mathrm{arcosh} \dfrac{\cosh \dfrac{\pi x}{T} - \dfrac{n-1}{2}}{\dfrac{n+1}{2}}$	（4-32）
AD	$z = x - i \cdot \dfrac{T}{2}$	$h = \dfrac{q_r}{k\pi} \mathrm{arcosh} \dfrac{\cosh \dfrac{\pi x}{T} + \dfrac{1+n}{2}}{\dfrac{1-n}{2}}$	（4-33）
B_2C（坑外）	$z = 0 + i \cdot y$	$h = \dfrac{q_r}{k\pi} \mathrm{arcosh} \dfrac{\sinh \dfrac{\pi y}{T} - \dfrac{n-1}{2}}{\dfrac{n+1}{2}}$	（4-34）

式中，$n = \cos \dfrac{S}{T} \pi$，$q_r$ 可通过式 (4-28) 求出。图 4-2-12 中，B_2 点水头也可由式 (4-35) 求出。特别说明，以上水头计算式是在独立坐标系中得出的结果，且假定 CD 边为水头基准面 $H_{CD} = 0$，故求解实际基坑水头时需要通过代入整体坐标系后才能求出实际水头大小。

$$h_M = 1.47 q_r \lg \cot \left[\dfrac{\pi}{4} \left(1 - \dfrac{S}{T} \right) \right] \quad (L \geqslant T \text{ 时成立}) \qquad (4\text{-}35)$$

B_2 点水头也就是标志着隔水帷幕阻水能力的坑外最低水头 H_2。可见，随着帷幕插入比 $\dfrac{S}{T}$ 增大，B_2 点水头也随之增大，隔水有效比明显增大，说明隔水帷幕插入越深，隔水效果越好，这与实际情况相同。

得到坑外水头曲线后，再来考虑坑内水头曲线（图 4-2-13），即 B_1C 边的水头分布。观察第 4.2.1 节介绍的有十字形板桩的承压含水层渗流场左侧，根据对称性，其 CD 边应有一条竖直等水头线。且若令 $l_1 = l_2 = 0$，渗流场左侧区域便与分段形状相同。特别的，仅有竖向板桩情况下渗流场变为反对称，设下游水头为 0，上游水头为 ΔH，则等水头线 CD 边水头为 $\Delta H/2$。

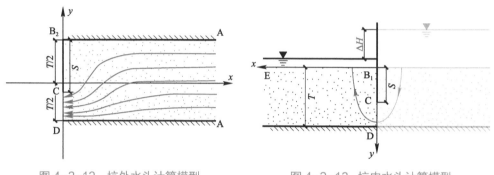

图 4-2-12 坑外水头计算模型　　　图 4-2-13 坑内水头计算模型

根据 4.2.1 节分析，式（4-19）可以建立 ω_r 与 z 之间的关系，联立可得式（4-36）。

$$\frac{h}{\Delta H} = \frac{2}{K} F\left[\arcsin\sqrt{\frac{(1+\alpha)(\alpha-\xi)}{2\alpha(1-\xi)}}, \lambda\right] \tag{4-36}$$

式中，F 为第一类不完全椭圆积分，模数 $\lambda = \dfrac{2\sqrt{\alpha}}{1+\alpha}$，$\alpha = \sin\dfrac{\pi S}{2T}$。带入 z，并进行欧拉变换，可将 ξ 转化为式（4-37）。

$$\xi = \cos\frac{\pi S}{2T}\sqrt{\tan^2\left(\frac{\pi S}{2T}\right) - \tan^2\left(\frac{\pi y}{2T}\right)} \tag{4-37}$$

最后联立各式，可得 B_1C 边水头分布式（4-38）。

$$\frac{h}{\Delta H} = \frac{2}{K} \times F\left[\arcsin\sqrt{\frac{1}{2} + \frac{\sin\left(\frac{\pi S}{2T}\right) - b\cdot\cot\left(\frac{\pi S}{2T}\right)}{2 - 2b\cdot\cos\left(\frac{\pi S}{2T}\right)}}, \lambda\right] \tag{4-38}$$

式中，$b = \sqrt{\tan^2\left(\dfrac{\pi S}{2T}\right) - \tan^2\left(\dfrac{\pi y}{2T}\right)}$。同样的由于坐标系不同，令 ΔH 为坑内水头损失 $H_内$，根据相关公式可求得整体坐标系中的实际水头。

现改变帷幕插入比，根据公式绘出隔水帷幕内部水头曲线，见图4-2-14。

可见帷幕坑内水头并非随深度线性变化，而是在靠近底部快速降低。且帷幕插入比越小，弯曲的程度就越小。当帷幕插入比小于0.1时，则近似地可用式（4-39）代替式（4-38），水头曲线呈反正弦函数形式分布。

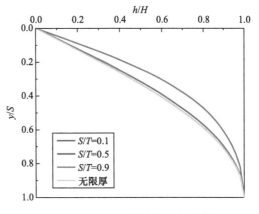

图4-2-14 隔水帷幕内部水头曲线

$$\frac{h}{H} = \frac{1}{\pi} \arcsin \frac{y}{S} \qquad （4-39）$$

综上所述，求解坑外水头曲线可以按照式（4-32）求解坑外最低水头，坑内外隔水帷幕水头可以按照式（4-34）与式（4-38）求解。

4.2.3 基坑渗流场计算方法对比验证

（1）室内渗流试验验证

基坑减压降水渗流试验模拟了线状基坑某横断面承压含水层减压降水的多种工况，并且记录了其坑外水头高度和基坑涌水量，可以验证本章理论解的准确性。但考虑溴化钙溶液与水密度不同导致试验与原型之间存在流量相似比λ_Q与水头降深相似比$\lambda_{\Delta h}$，必须将模型换算回原型才可比较试验值与理论值的近似程度。故按照水头降深相似比$\lambda_{\Delta h}$将坑外各处水头放大，再根据流量相似比λ_Q求出原型线状基坑每延米涌水量，得到原型各工况试验值与理论值结果，见表4-2-5。

观察基坑每延米涌水量，可见试验值与理论值较为接近，当坑内降深小于承压水水头时，误差始终控制在10%以内，且涌水量与坑内降深始终成正比。当帷幕插入比为0.2时，涌水量试验值略小于理论值，其余情况涌水量试验值均大于理论值。当坑内降深大于承压水水头时，涌水量试验值与理论值误差更大。这是由于试验时抽水井揭穿部分承压含水层，减小渗流路径，而理论分析时并未考虑此情况。但理论值与试验值误差整体在可控范围内，满足涌水量预测要求。

观察坑外最低水头及计算得到的隔水有效比，可见随帷幕插入比增大，隔水有效比试验值与理论值逐渐接近，且理论值总体均大于试验值。这是由于分段法假设与实际情况略有差别所致，当帷幕插入比较小时，帷幕底部并未出现明显的竖直等水头线，与分段法假设相符。

渗流试验值与理论值结果对比面　　　　　表 4-2-5

工况编号	帷幕插入比	坑内降深 (m)	基坑每延米涌水量 (m³/h)		坑外最低水头 (m)		隔水有效比 WER(%)	
			试验	理论	试验	理论	试验	理论
1-1	0.2	7.9	32.16	34.44	2.84	3.94	36.0	49.8
1-2		11.9	47.06	51.66	4.42	5.91	37.3	
1-3		15.8	65.68	68.89	6.16	7.87	39.0	
2-1	0.5	7.9	27.30	25.61	4.74	5.55	60.0	70.3
2-2		11.9	41.52	38.41	7.43	8.33	62.7	
2-3		15.8	54.19	51.21	9.95	11.10	63.0	
2-4		23.7	85.05	76.82	15.01	16.66	63.3	
3-1	0.8	7.9	17.37	16.91	6.00	6.55	76.0	82.9
3-2		11.9	25.18	25.36	9.01	9.81	76.0	
3-3		15.8	35.27	33.82	12.17	13.09	77.0	
3-4		23.7	56.80	50.72	18.17	19.64	76.7	

为观察坑外水头曲线分布，绘出图 4-2-15 的坑外水头曲线对比图，图中帷幕插入比为 0.8。可见坑外水头理论值整体近似于斜直线，但在隔水帷幕附近逐渐平缓，理论值略高于试验值。因此，本章建立的基于分段法的减压降水渗流公式在坑外水头及基坑涌水量的计算结果与室内试验结果相近，可以将其用于坑外水头预测计算。

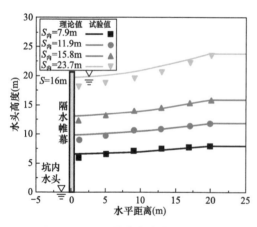

图 4-2-15　坑外水头曲线对比图

（2）工程实例验证

为验证理论解的精度与适用性，选用杭州地铁某超长超深基坑降水工程作为工程实例，采用基于分段法的线状基坑减压降水公式计算基坑涌水量及基坑周边水头，结合现场实测数据进行对比，验证理论解与实际施工工况的匹配度。并讨论本书计算方法与大井法的适用性。

杭州地铁某超长超深基坑降水工程，整体尺寸为 290m×25m，由隔墙分为换乘节点基坑（60m 长）、B 基坑（101m 长）与 A 基坑（129m 长）三部分，其整体长宽比 >10，开挖深度达 25m，属于超深条形基坑。图 4-2-16 为杭州某超长超深基坑降水井布置图。

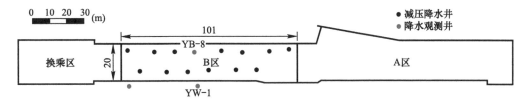

图4-2-16 杭州某超长超深基坑降水井布置图

此基坑地处钱塘江边，水文地质条件复杂，地下有17m厚的潜水层及34m厚的承压含水层，渗透性强，水位恢复快，涌水量较大。若采用落底式隔水帷幕完全隔断承压含水层会大大增加施工费用，故基坑降水采用悬挂式隔水帷幕结合坑内管井抽水进行减压降水。承压含水层埋深25.8～59.6m，地连墙埋深为52m，故计算得到帷幕插入比 $\frac{S}{T}=0.78\approx0.8$。承压含水层主要由圆砾与粉细砂组成，水头埋深9.37m，由现场抽水试验计算得到承压含水层综合水平渗透系数 k_x，得到综合垂向渗透系数 k_z，得到各向异性系数 $\frac{k_x}{k_z}$。为判断该减压降水工程的可行性并设计降水井布置方案，采用式（4-40）对B区进行涌水量计算。

承压水减压降水的目的是保证基坑承压水顶板稳定，防止承压水顶托力大于基坑底板土压力，产生坑底隆起或突涌等事故。经过水土压力验算，需要将B区水位降低11m，保证基坑安全。将相应数据带入式（4-40）进行计算。

$$Q=\frac{2.73KTs_w}{\lg[(R+r_0)/r_0]+\frac{T-l}{l}\lg(1+0.2T/r_0)} \qquad (4-40)$$

最终，得到预估B区基坑涌水量 Q，依据 Q 值，在B区布设12口降压井与3口备用井，坑外布设2口观测井，并设置回灌井辅助降水。

成井施工完成后进行了坑内预降水试验，但试验结果与预估结果有较大出入。B基坑内仅需开启4口降水井就可令坑内满足水头降深要求，且坑外观测井水头降深仅为1.2m，B基坑涌水量则为4800m³/d，远低于预估涌水量。这一方面说明了悬挂式隔水帷幕的阻水效果极好，隔水有效比为89%，但另一方面也表明预估涌水量过大，导致井点布置过多，减压降水方案过于保守，使工程方案经济性没有得到最好的体现。至于预测值与模拟值相差较大的原因，是设计人员认为由于含水层各深度的渗透系数差异不同，导致抽水试验所得水文地质特性与实际相差过大，也有可能是模拟时并未考虑边界作用导致模拟与实际渗流规律不同。作者认为是由于基坑形式不同，长宽比较大所导致的误差，故再次进行验算。

取条形基坑中部横断面进行简化研究，由于承压含水层各向差异较大，故将含水层转化为各向同性后得到承压含水层坑外水头计算示意图见图4-2-17。

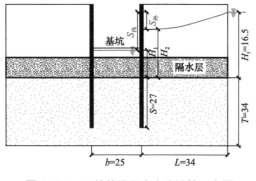

图 4-2-17　坑外承压水水头计算示意图
（单位：m）

通过计算可得 $\Phi_{外} = 1.75$、$\Phi_{内} = 1.614$，由于坑内水头降深 $S_{内} = 11$m，得到 $q_t = 3.27$m，转换后土体综合渗透系数 $k = 13.9$m/d，B 基坑长度为 101m，故计算得到基坑涌水量 $Q = 4590$m³/d，略小于实测涌水量 4800m³/d。再计算坑外最低水头，得到坑外降深 $S_{外} = 1.87$m，计算隔水

有效比 $WER = 83\%$，计算坑外水头降深略大于实测水头降深 1.2m。预测的涌水量与坑外水头与实测数据较为接近。

（3）渗流场数值模拟验证

为进一步研究线状基坑减压降水渗流场规律并验证计算方法是否准确，采用三维有限元数值模拟软件 ABAQUS，以降水稳定后的承压含水层作为对象建立有限元模型。模型采用流固耦合分析，尺寸及参数与上述分析一致，考虑数值模拟的准确性，将承压含水层沿竖向细分为 50 层。承压含水层隔水顶板、底板与隔水帷幕渗透系数设置为 0（防止越流并产生绕流），承压含水层初始承压水水头为 16.5m，降压后固定边界孔隙水压力不变，基坑内水头降至 5.5m。

图 4-2-18 为数值模拟所得承压含水层渗流场，左侧为等水头线图，右侧为孔隙水压力云图。从图 4-2-18 可见，隔水帷幕底部有一条几乎竖直的等水头线，水头 $h = 11.92$m，这与假设条件——将帷幕底中轴线处的竖直等水头线视作分段边界相符。同时，根据理论公式计算得坑内水头损失 $H_{内} = 5.28$m，则帷幕底部水头 $h = 10.8$m，与数值模拟结果相近。从孔隙水压力云图中可见隔水帷幕两侧孔隙水压力相差较大，且坑内下降较多，而坑外变化不大，证明了隔水帷幕的阻水效果较好。

图 4-2-19 为数值模拟所得承压含水层渗流速度矢量图。可见左侧基坑内降水时，右侧坑外地下水水平流动进行补给。坑外由于过水断面较大，补给的渗流速度较小，坑内由于过水断面较小，渗流速度较快，特别是在隔水帷幕底部，渗流方向变化剧烈，且过水断面最小，故渗流速度最大处也在此处。由于受隔水帷幕阻水作用，部分渗流由水平向竖直转变，直至坑内渗流完全变为竖直向上，延长了渗流路径。且帷幕插入

比越大，渗流路径越长，坑外水头变化越小。模拟所得涌水量 $Q = 3550\mathrm{m}^3/\mathrm{d}$，小于实测值与计算值。

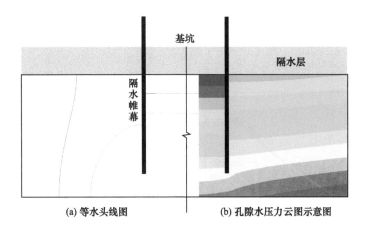

(a) 等水头线图　　　　　(b) 孔隙水压力云图示意图

图 4-2-18　承压含水层渗流场

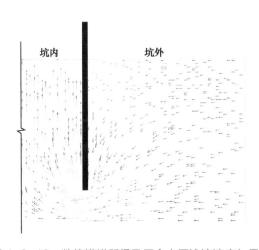

图 4-2-19　数值模拟所得承压含水层渗流速度矢量图

图 4-2-20 为坑外承压水水头对比图，现场实测数据来自坑外降水观测井 YW1。由图 4-2-20 可知，模拟值与理论值变化趋势较为接近，整体呈"勺状"而非漏斗状。实测坑外水头最高，模拟值次之，理论值最低，计算结果有一定误差，但随基坑越远误差逐渐减小。

图 4-2-21 为隔水帷幕内外侧水头对比图，现场实测数据来自坑内降水井 YB8。由图 4-2-21 可见，隔水帷幕在基坑内外侧水头模拟值与理论值较为一致，变化趋势相同，都是越靠近隔水帷幕底端水头降低速度越慢，呈现为下凹曲线。对图 4-2-19 分析可知，渗流方向在隔水帷幕底端由水平变为竖直，自然会导致水头改变、速率变

缓，现场实测数据也证明了这样的规律。理论值与模拟值的区别主要在基坑内部水头损失不同，这可能是因为在理论推导时，并未考虑基坑宽度，而基坑宽度较小时，会导致渗流方向产生突然转折，使坑内水头损失增大。但整体看，各边水头理论值与模拟值较为接近，可供实际工程参考。

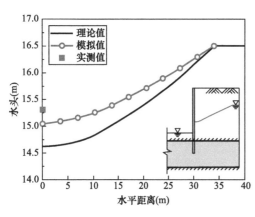

图 4-2-20　坑外承压水水头对比图

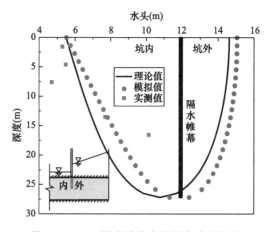

图 4-2-21　隔水帷幕内外侧水头对比图

4.3　基坑开挖对周边建筑物的影响分析

4.3.1　基坑开挖对邻近建（构）筑物变形的控制指标

城市新建基坑、隧道等地下工程施工可引起的建（构）筑物危害主要表现为地面不均匀沉降带来的建（构）筑物差异沉降、倾斜（或局部倾斜）。

目前，国内外学者主要采取定量参数评价的方法，根据实际监测数据与变形控制指标的比较评定工程建设带来的建（构）筑物损坏程度，确定是否对其进行加固、改造等控制措施。有关建（构）筑物变形控制指标的研究已经积累了一些研究成果和工程评价标准，变形控制指标主要包括沉降控制指标、倾斜控制指标、裂缝控制指标。

（1）沉降控制指标

沉降控制指标主要包括沉降量和差异沉降量，分别指建（构）筑物的整体沉降变形值、不同沉降点的差异变形值。沉降量和差异沉降量最早被用作建（构）筑物的变形控制参数。

国内地基基础设计类规范对建（构）筑物的地基变形允许值也进行了具体的规定，主要指建（构）筑物使用期限内（一般为 50 年）长期稳定状态下的沉降与差异沉降允许值，由于基础、结构、地层等条件的不同，取 2～40cm。城市新建地下工程对周边建（构）筑物的附加变形只是其允许变形值的一部分，一般建（构）筑物的已有变形、工程附加变形及其后续使用期限内变形值的总和才是地基基础设计允许变形值。基坑类规范给出了变形监测的允许范围值，实际应用时则需要根据具体工程特点进行考虑。

（2）倾斜控制指标

建（构）筑物的倾斜控制指标主要指其角变量。角变量（或相对倾角量）是指两参考点之间连线相对于倾斜倾角的变化量，即考虑倾角的影响，一般适用于筏形或连续基础。独立基础等存在个别倾斜量时一般不考虑倾角，定义为差异沉降量与两点间距离的比值。角变量也是目前普遍采用的建（构）筑物变形控制参数。

（3）裂缝控制指标

裂缝宽度是评估建（构）筑物破坏情况的重要参数之一。根据差异沉降等造成的裂缝分布情况可判断工程建设对建（构）筑物的损坏程度，确定其承载结构是否受到损坏，使用功能、承载能力是否受到较大影响。

《民用建筑可靠性鉴定标准》GB 50292—2015 建议宽 5.0mm 为砌体结构构件的裂缝极限值，柱、板等主要承载结构的裂缝宽不应大于 1.5mm。《危险房屋鉴定标准》JGJ 125—2016 建议宽砌体结构受压墙、柱出现宽大于 2.0mm 裂缝或支撑梁或屋架端部的墙、柱出现多条宽超过 1.0mm 裂缝，混凝土结构构件出现宽 0.4～1.0mm 裂缝时，房屋可能存在危险。《建筑物、水体、铁路及主要井巷煤柱留设与压煤开采规范》建议建筑物出现少量宽小于 4.0mm 的裂缝时，可不修缮；墙壁出现宽 4.0～15.0mm 裂缝时，需小修。《建筑基坑工程监测技术标准》GB 50497—2019 规定的建筑裂缝宽容许值为 1.5～3.0mm。

建设之前，应查明建（构）筑物的已有裂缝，根据裂缝发育情况判断安全现状。当工程建设过程中出现宽 1.0～3.0mm 的新裂缝时，应进行建（构）筑物安全状态的动态评定，确定是否采取必要的加固措施。作者对北京地铁某线路进行了实测，结果表明：建筑物墙体出现宽 34.9～50.0mm 的裂缝时，其承重结构出现开裂，影响建筑安全，应严格防止裂缝的出现和过量扩展。

（4）挠度控制指标

挠度控制指标主要是指建（构）筑物的挠度比。建（构）筑物的相对挠度 Δ 是指相对于相距两点间距离 L 的位移量，挠度比 Δ/L 是指相对挠度与两点间距离的比值。

最大挠度比一般适用于砌体结构，砌体结构容许挠度比为 1/5000～1/1500，随建筑物长高比（L/H）的减小而降低。一般建（构）筑物处于地表负曲率区时的允许挠度比约为地表正曲率区时允许挠度比的 2 倍。

4.3.2　基坑开挖和降水数值模型

苏州春申湖隧道基坑长宽比远大于 50，属于大尺度线状基坑，可通过上节理论解进行分析。同时其降水难度大，环境保护要求高，涉及多个施工工序，仅靠现场监测无法对围护结构变形规律开展完整分析。因此本节采用有限元软件 **ABAQUS** 对紧邻既有建筑物的线状基坑降水支护开挖全过程进行数值模拟，其流固耦合模块具有计算地下水渗流场与土体应变场相互影响的能力，可以进一步分析线状基坑降水卸荷施工对基坑围护结构及紧邻建筑的变形影响。

（1）计算模型建立

图 4-3-1 为春申湖隧道基坑开挖施工现场图。可见基坑与邻近建筑之间的距离极小，极易对周围环境造成影响。同时，基坑开挖宽度大，基坑尺寸长，难以将基坑整体建模，故选取距基坑最近的 10 号建筑作为代表性建筑进行模拟，通过数值模拟方法计算基坑开挖对 10 号建筑产生的影响。

图 4-3-1　春申湖隧道基坑开挖施工现场图

考虑基坑属于线状基坑，施工势必会对不同位置点产生不同的影响，故采用三维模型进行模拟。又考虑模型的边界尺寸效应，沿开挖方向取两倍建筑长度，垂直于开挖方向取四倍开挖深度，即 200m×200m×80m。以基坑开挖方向为 y 方向，垂直于开挖方向为 x 方向，开挖深度方向为 z 方向，并以向上为正方向，图 4-3-2（a）为基坑三维网格划分图。考虑流固耦合计算，模型整体采用 8 节点平面应变 CPE8RP 孔压单元，其中，土体使用摩尔—库仑模型，地连墙、紧邻建筑及支撑采用线弹性单元，地连墙及横支撑模型网格见图 4-3-2（b）、（c）。模型整体共有 237136 个实体单元，403858 个节点。

模拟考虑地连墙施工过程，故土体与地连墙之间采用可模拟滑移脱开的摩擦接触，同时，横支撑与地连墙采用节点绑定，保证有效传力。由于实际工程中基坑内立柱刚度较大，且变形并非本章关注重点，故假定其水平向位移为 0，与其绑定的横支撑水平位移也为 0。坑外 10 号建筑根据实际情况建立，为框架结构，以浅埋基础形式放置于基坑边。

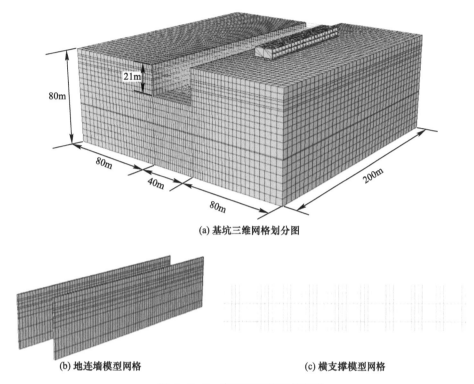

(a) 基坑三维网格划分图

(b) 地连墙模型网格　　　　　　　　　　**(c) 横支撑模型网格**

图 4-3-2　有限元三维网格划分

（2）模型参数设置

根据工程地质资料，可知基坑所处地层为富水软弱地层，主要由粉质黏土弱透水层与粉砂土承压含水层构成，地层剖面图见图 4-3-3。其中，微承压含水层主要蕴藏于④₂粉土夹粉砂层，水头为 7.5m；承压含水层主要蕴藏于⑦₂粉土夹砂层，水头为29.5m。各层渗透系数通过现场抽水试验获得，且隔水层与承压含水层之间渗透系数相差两个量级以上，可以近似认定为相互之间无越流，归并后得各土层物理力学参数见表 4-3-1。

各土层物理力学参数　　　　　　　　　　　　表 4-3-1

土层名称	层厚（m）	重度（kN/m³）	弹性模量（MPa）	泊松比	黏聚力（kPa）	内摩擦角（°）	渗透系数（m/s）
③₁粉质黏土层	9.3	19.7	25.6	0.33	51.1	15.2	2.0×10^{-9}
④₂粉土夹粉砂层	5	18.8	30.8	0.32	8.6	21.8	1.04×10^{-5}
⑤粉质黏土层	8.5	18.9	30.9	0.35	19	11	8.0×10^{-8}

续表

土层名称	层厚（m）	重度（kN/m³）	弹性模量（MPa）	泊松比	黏聚力（kPa）	内摩擦角（°）	渗透系数（m/s）
⑥₂黏土层	8.6	19.2	48.8	0.33	38.1	16	8.0×10^{-9}
⑦₂粉土夹砂层	16.7	19.1	67.9	0.31	11.7	22	1.0×10^{-5}
⑧₂粉黏夹粉土层	31.9	19.4	67.9	0.33	21.3	18.2	3.0×10^{-8}

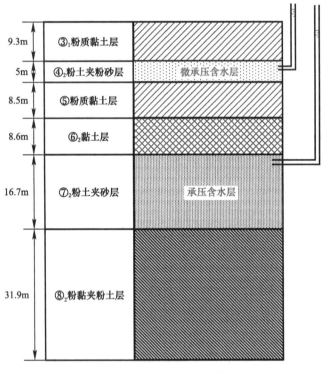

图 4-3-3　地层剖面图

数值模拟考虑地连墙施工及支撑架设工序，尺寸参照实际工程，围护结构力学参数见表 4-3-2。

围护结构力学参数　　　　　　　　　　表 4-3-2

结构名称	重度 (kN/m³)	弹性模量 (MPa)	泊松比
混凝土支撑	25	30000	0.2
钢支撑	78.4	200000	0.3
地连墙	25	30000	0.2

（3）降水施工模拟

由水文地质条件可知，除地表潜水外，地下还有一层微承压含水层与承压含水层，且各含水层之间由渗透系数很小的隔水层阻隔，没有明显水力联系，主要由含水层两侧补给。各层承压水水头较高，微承压水水头为 7.5m，承压水水头为 29.5m，其中，承压水水头是指静止水位高出含水层顶板的距离。根据基坑底抗突涌稳定性验算，需要将微承压含水层完全疏干，将承压水水头降低 13.5m。

ABAQUS 模拟地下渗流场的方式主要是通过设置边界条件，默认不设置即为不透水面，本章通过设置孔隙水压力，模拟不同含水层的初始水头及水头降深。潜水的水位浸润线孔压设置为零，含水层中孔隙水压力按深度线性增加，微承压含水层与承压含水层则依照水头计算出含水层各深度处孔隙水压力，并将孔隙水压力设置于承压含水层顶部。在抽水阶段，取消初始孔隙水压力固定设置，再将坑内抽水面孔隙水压力设置为零，并将坑内承压含水层顶部孔隙水压力按照实际降水高度降低。同时，根据水文地质报告，将各含水层左右两侧的孔隙水压力固定，模拟含水层两侧径流补给。

（4）施工全过程模拟

由于实际施工工期较长，施工工序多（包括地连墙施工、坑内多层降水、支护架设、土体分步开挖等工序），故计算模型中针对施工全过程进行了模拟还原，土体开挖及支撑架设均采用"生死单元"模拟。在实际施工中，为尽量减小围护结构变形，避免对周边环境产生影响，基坑开挖与支撑安装遵循"时空效应"原则，在开挖过程中以"分层、分步、对称、平衡、限时"为重点，遵循"纵向分段、竖向分层、横向分块、先撑后挖、快速封底"的施工原则。综上所述，将施工过程简化为：本层降水—本层开挖—下层支撑架设为一个循环连续进行。模拟在遵循上述原则的情况下将所有工况简化为 7 个分析步，见表 4-3-3。

施工工序一览表 表 4-3-3

分析步	时间 (d)	开挖深度 (m)	施工工况
1	/	/	考虑土体及建筑的初始地应力及孔隙水压力平衡
2	30	/	地连墙施工＋第一道支撑架设
3	14	4	潜水降水至基坑开挖第一层底面＋开挖至第二道支撑位置＋第二道支撑架设
4	14	3.5	潜水降水至基坑开挖第二层底面＋开挖至第三道支撑位置＋第三道支撑架设

续表

分析步	时间 (d)	开挖深度 (m)	施工工况
5	14	4	潜水降水至基坑开挖第三层底面 + 承压水降至安全水位 + 开挖至第四道支撑位置 + 第四道支撑架设
6	7	3.5	潜水降水至基坑开挖第四层底面 + 开挖至第五道支撑位置 + 第五道支撑架设
7	7	3.5	潜水降水至基坑开挖坑底 + 开挖至坑底

4.3.3　数值模拟结果分析

（1）渗流场分析

通过数值模拟方法对基坑不同施工阶段渗流场进行分析，并结合前述内容线性基坑渗流场理论解进行对比验证。可见基坑径向长度几乎没有渗流，各横截面渗流场完全相同，与线状基坑二维平面渗流假设相符，说明数值模型较好地还原了三维线性基坑渗流场，故任取一横截面进行分析。图 4-3-4（a）为承压含水层减压降水前云图，此时潜水层已开始分层降水，承压含水层暂未开始降水，图 4-3-4（b）为承压含水层减压降水后云图，此时潜水层与承压含水层均水头降至设计高度。

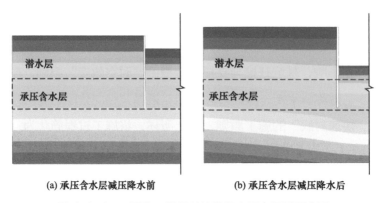

(a) 承压含水层减压降水前　　　　　　　　(b) 承压含水层减压降水后

图 4-3-4　不同施工阶段基坑孔隙水压力云图示意图

针对潜水层渗流场进行分析。由于基坑开挖至第二层时还未开始承压含水层降水，故承压含水层及下部含水层孔隙水压力暂无变化，但由于上部潜水层开始降水，导致基坑内外有较大的水压力差，坑内水压力下降明显，坑外水压力几乎没有变化。这是由于隔水帷幕插入较深，穿透下部弱透水层，完全阻隔潜水层基坑内外的水力流动，从而使坑外水头维持不变，最大程度控制潜水层降水对坑外环境的影响。

承压含水层自开挖第三层起开始减压降水，降水深度为 13.5m。降水后承压含水层及下部隔水层孔隙水压力均有降低，坑外承压含水层降深为 5.6m，下部隔水层最大降深为 8.9m。现将降水工程相应数据代入相应公式计算，可得 $\varPhi_外$ = 5.26、$\varPhi_内$ = 2.98，根据坑内降深 $s_内$ = 13.5m 可知化引渗透流量 q_r = 1.64m，则承压含水层每延米涌水量理论值为 0.118m³/s，而模拟值为 0.096m³/s，模拟值略小于理论值。进一步计算可得承压含水层坑外降水深度理论值为 4.5m，小于模拟值（模拟值 5.6m）。同时，可见坑外水头呈现"勺形"分布，与理论分析规律相符。

为进一步研究地下水渗流方向及渗流场具体分布，见图 4-3-5（a）。由于承压含水层渗透系数远大于上下隔水层渗透系数，其最大渗流速度为 88.5mm/s，较其他含水层高出了两个数量级，并存在渗流速度突变区域，位于隔水帷幕底部，此处渗流遭遇竖向隔水帷幕，渗流方向也随之改变，向下部无隔水帷幕处集中，且由于过水断面突然减小，导致渗流速度突然增大，并在绕过隔水帷幕底部后迅速变为竖直向上，最终由基坑内部减压降水井抽出。承压含水层其余位置渗流较稳定，远处向基坑方向水平补给流速约为 2.8mm/s。

再观察其他含水层的渗流场情况，如图 4-3-5（b）所示。由于其余含水层渗透系数仅为承压含水层渗透系数的百分之一，导致其与承压含水层中的渗流速度相差较大。其中，微承压含水层渗透系数相对较大，水平补给流的最大渗流速度为 0.4mm/s。但渗流速度越靠近基坑越小，且渗流方向也在隔水帷幕外侧开始向下越流补给上隔水层。另外上隔水层有向下越流补给承压含水层的趋势，下隔水层有向坑内绕流的趋势，不过由于隔水层渗透系数极小，其渗流速度也小于其余含水层渗流速度的百分之一，对潜水层孔隙水压力的影响微乎其微。

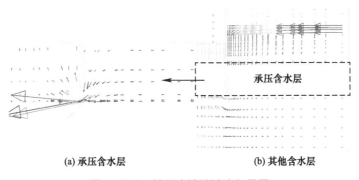

(a) 承压含水层　　　　　　　　　　　　　　(b) 其他含水层

图 4-3-5　地下水渗流速度矢量图

通过对不同开挖阶段的基坑渗流场进行分析，可知悬挂式隔水帷幕能够有效地阻断潜水层的渗流路径，控制坑外潜水水头降深。然而，虽然隔水帷幕插入承压含水层深度极深，但由于基坑内外降水后存在较大的压力差，地下水仍会通过无隔水帷幕处及弱透水层从隔水帷幕底下产生绕流。这样既会造成基坑外承压水水头降低，也会对基坑底板产生较大的承压水水头压力，造成坑底土体隆起，甚至出现突涌、涌水等事故。

（2）地连墙水平位移分析

将地连墙水平位移数值模拟结果与现场监测数据进行对比分析，得到图4-3-6基坑开挖完成后地连墙水平位移云图。

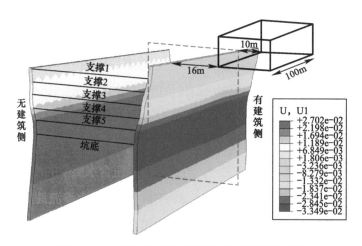

图4-3-6　基坑开挖完成后地连墙水平位移云图

由图可见地连墙均向坑内位移，水平位移在顶部较小，但随深度增大也逐渐增大，最终在基坑底部达到最大值，之后水平位移逐渐减小，但并未恢复为零，地连墙水平位移为典型的组合式变形。对比两侧地连墙水平位移，可见无建筑侧最大水平位移值为26.39mm，有建筑侧最大值为34.96mm，较无建筑侧增大了32.47%。观察基坑长边方向地连墙水平位移，可见无建筑侧沿长边方向地连墙水平位移几乎不变，有建筑侧地连墙水平位移略有变化，以建筑距基坑最近处地连墙水平位移最大。为分析地连墙水平位移规律，取图中最大位移横截面进行分析，得到如图4-3-7所示的不同施工阶段地连墙水平位移对比值，正值为水平向基坑内部方向。

图4-3-7（a）为有建筑侧地连墙水平位移模拟值与实测值对比，图4-3-7（b）为无建筑侧地连墙水平位移模拟值与实测值对比。可见开挖初期水平位移模拟值略小于实测值，但随基坑开挖深度增大地连墙中部向坑内凹陷，最大位移位置也逐渐下

移，模拟值与实测值变化规律趋于一致，呈现为"组合型"变形模式，最大位移值均处于坑底开挖面附近。对比可知，考虑流固耦合的基坑开挖数值模拟计算结果能够比较准确地预测地连墙的变形规律，为不同工况下围护结构及临近建筑变形预测打下基础。

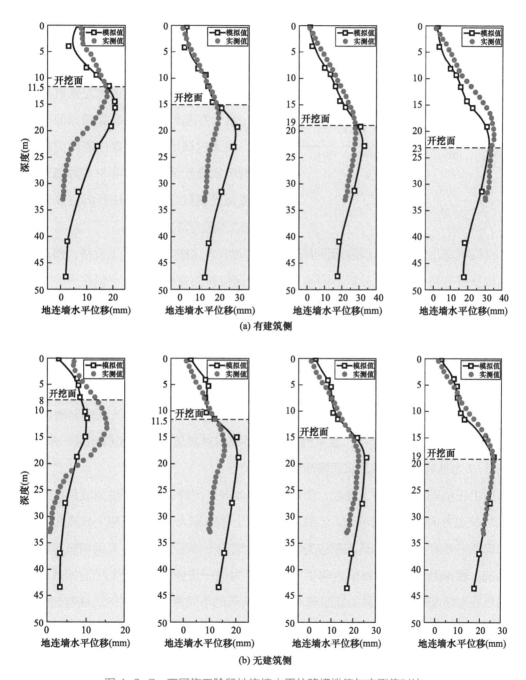

图 4-3-7　不同施工阶段地连墙水平位移模拟值与实测值对比

（3）坑底隆起分析

结合立柱竖向位移监测数据与数值模拟位移场对坑底隆起进行对比分析。由于基坑内部土体开挖及降水卸荷的影响，基坑外侧会产生较大的主动土压力，基坑底部土体会随之呈现出较大的隆起趋势。在基坑的分层开挖中，将每层开挖结束并施工完成支护结构至下一层开挖前这一段时间内，基坑底部高程的变化称为基坑底部隆起。由于在基坑底部埋设监测点保护难度大，故通过基坑中央钢立柱竖向位移变形监测坑底隆起情况，图 4-3-8 为最大变形横截面处基坑中央钢立柱竖向位移监测值随施工变化情况。

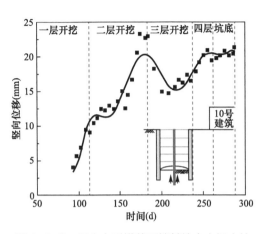

图 4-3-8　最大变形横截面处基坑中央钢立柱竖向位移监测值随施工变化情况

可见坑底土体总体呈现隆起回弹趋势，带动坑内立柱的竖直向上位移，然而，其竖向位移并非持续增长。分析不同施工阶段竖向位移的变化趋势，可见在一、二层开挖时，竖向位移持续增长并达到最大值，但在开挖第三层后逐渐回落，达到了局部最小值，最后，在开挖第四层时继续增长，在开挖到坑底时略有增长，但并未超过第二层的最大值。基坑中央立柱竖向位移监测值并未超过监测警戒值，虽在开挖前两层时持续增大，但在后续开挖中采用组合施工措施有效地控制了隆起趋势，且在开挖底层时并未出现较大隆起，保证了基坑抗倾覆稳定性。然而，对于坑底隆起随施工工序的变化机理还未进行分析，故下面通过数值模拟对基坑底部隆起机理进一步讨论，图 4-3-9 为基坑开挖完成后坑底隆起情况。

图中正值表示土体向上隆起，负值表示土体向下沉降。可见开挖完成后坑底土体在基坑长边方向隆起差别不大，但靠近建筑侧土体隆起大于无建筑侧土体隆起。由于土体降水开挖卸荷导致基坑底部应力释放所造成的土体回弹效应，可见明显的坑底隆起情况，模拟最大竖向位移值达到了 59.4mm。为进一步分析坑底隆起的时间效应，根据基坑底部隆起的定义计算得到如图 4-3-10 所示的不同施工阶段时的坑底隆起曲线。

类似坑内立柱竖向位移监测值变化规律，模拟结果显示在开挖一、二层时坑底有隆起趋势，在开挖第三层时坑底隆起回落，并在开挖最后两层时略有回弹。如图 4-3-10 所示，可将不同施工阶段坑底隆起分如下阶段：

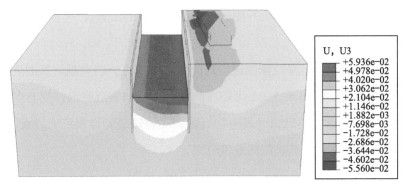

图 4-3-9 基坑开挖完成后坑底隆起情况

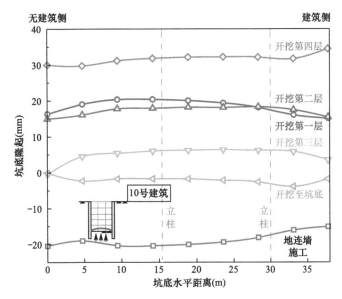

图 4-3-10 不同施工阶段时的坑底隆起曲线

首先，坑内仅在地连墙施工完成时出现沉降趋势，均值为 18.75mm。这是由于此工序表示基坑第一层降水而并未开挖卸荷，导致基坑内土体附加应力增大，出现沉降。

其次，基坑底部土体均呈现向上隆起，但隆起大小不同。开挖第四层时隆起量最大，均值为 31.71mm，开挖第一、二层时隆起量次之，均值为 17.71mm。与此同时开挖第三层及开挖至坑底时几乎无隆起，均值分别为 4.8mm 及 −2mm。

再次，开挖第四层时坑底出现最大隆起，说明在有承压水情况下土体卸荷开挖有危险，由于此时下部承压水对基坑底部不透水层有向上的顶推力，又由于土体开挖卸荷减小了与之抗衡的土体重力，极易使坑底土体产生突然性隆起，严重时会发生突涌事故。而开挖第三层时，回弹量较小，表现出针对承压水进行减压降水能够有效地增加坑底稳定性，减小隆起情况。对比开挖一、二层时稳定增长的坑底隆起，中断了其隆起趋势，证明了减压降水是基坑开挖过程中不可或缺的步骤。

（4）地表沉降分析

将数值模拟值与地表沉降监测值进行对比分析。首先，研究基坑长边沉降，其次，分析基坑横截面沉降。由图 4-3-11 可知左侧无建筑处地表沉降沿开挖方向几乎不变，且地表平均沉降远小于有建筑侧地表平均沉降。而有建筑侧地表沉降较大，且有建筑位置处地表沉降大于两侧无建筑位置地表沉降。

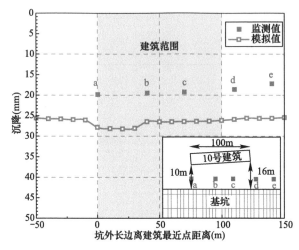

图 4-3-11　基坑外长边地表沉降对比图

由图 4-3-11 可知监测地表平均沉降为 18.8mm，模拟值则为 26.37mm，有一定误差。但监测值与模拟值所得地表沉降规律相似，建筑与基坑距离越小，地表沉降越大，且长边整体沉降较为均匀，监测数据方差仅为 1.037，说明坑外沉降等值线基本还是平行于基坑长边的，这也可以从地表沉降云图中观察到。为全面分析地表沉降随基坑距离的变化情况，选定地表沉降最大的横截面进行分析，得到图 4-3-12 不同施工阶段基坑横截面地表沉降曲线对比图。

由图 4-3-12 可知，地表沉降模拟值与监测值较为接近，坑外地表沉降曲线整体呈现为凹槽形曲线，且最大沉降位置均位于 0.5 倍开挖深度附近。分层开挖从上到下的最大沉降监测值为 28.68mm、29.9mm、38.64mm、48.84mm、49.93mm，模拟值为 25.51mm、27.66mm、39.44mm、49.02mm、50.11mm，其中，地连墙施工造成的最大沉降监测值为 9.21mm，模拟值为 6.51mm。

观察坑外地表沉降曲线，可见其与 Hsieh 和 Ou 提出的凹槽形地表曲线较为符合。基坑主影响区为 45m 长，约为两倍基坑开挖深度，而次影响区的情况却有所不同。虽

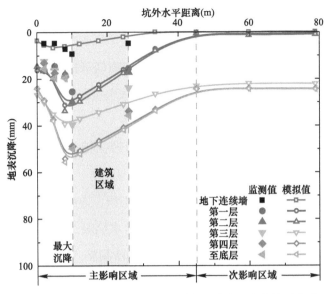

图 4-3-12 不同施工阶段基坑横截面地表沉降曲线对比图

然在次影响区地表沉降曲线的斜率远小于主影响区地表沉降曲线的斜率，但在开挖第三层后，此区域却有 **20mm** 左右的整体沉降。以此为分界，可以将地表沉降趋势分为两阶段，在此之前次影响区几乎没有沉降，在此之后次影响区沉降突然增大。这是由于开挖第三层时，对承压含水层进行降水，造成地下含水层的整体水位下降，使承压含水层及下部土层有效应力增大，最终导致深处地层压缩，宏观表现为次影响区的整体沉降。综上所述，线状基坑承压含水层减压降水会使地层发生整体沉降，特别会增大基坑次影响区的沉降，建议在类似施工中关注其对次影响区的影响。

4.4 研究成果及工程应用

4.4.1 非对称条件下邻近建筑物（构筑物）的施工控制措施

（1）减压卸压措施

1）对各种管线、需要保护的建筑、地铁区间隧道、地连墙等，必须由专业监测单位监测。按规范要求布置好沉降观测点，施工期间每天观测，严格按照设计要求控制沉降速率及累积沉降量，如有异常情况，停止降水施工，及时向上级部门汇报。

2）抽水过程中要做到三点：降水范围宜小不宜大，降水时间宜短不宜长，降水深度宜浅不宜深。

3）建议在后期挖土施工的过程中，尽量提高效率，缩短挖土时间，减少抽水时间，减少降水对周边环境的影响，尤其是需尽量缩短邻近地铁、建筑物和地下管线一侧的降水时间。

4）在降水运行过程中随开挖深度加大，逐步降低承压水水头，避免过早抽水减压。在不同开挖深度的工况阶段，合理控制承压水水头，在满足基坑稳定性要求前提下，防止承压水水头降低过快。

5）采用信息化施工，对坑内外观测井水位进行实时跟踪监测，发现问题及时调整抽水井数量及抽水流量，按需降水。

6）在降水井群井施工完成后，应及时进行试运行，详细制定降水运行方案。

7）成井后及时试抽水，验证围护体（承压含水层段）隔水性。一旦发现坑内降水，坑外承压水水位降深较大时，应查找围护结构渗漏点，并进行外侧阻漏。

8）基坑施工过程中，如上部止水帷幕发生渗漏，总承包单位应及时采取封堵措施，避免导致基坑外侧浅层潜水水位发生较大幅度下降，以及由此加剧坑外的地面沉降。

9）当坑外观测井内的水位下降超过预测的最大值时，如有必要，应增加监测次数并及时与设计人员沟通，必要时，启动应急预案。

（2）支护措施

1）型钢水泥土复合搅拌桩支护结构技术

SMW 工法（Soil Mixing Wall 的简称）也叫柱列式土壤水泥墙工法，即在水泥土桩内插入 H 形钢等将承受荷载与防渗挡水结合，使之成为同时具有受力与抗渗两种功能的支护结构的围护墙。

SMW 工法桩施工质量控制要点如下：

① 搅拌桩桩机对位后复测桩位，只有桩位对中，准确无误，且桩机的垂直度偏差 ≤1/250 后，方可进行搅拌桩施工。

② 应控制搅拌合提升的速度，中途喷浆中断时间不得超过 1h。再次喷浆时，应与原喷浆面搭接 0.5h 后再施工。

③ 制备的水泥浆不得离析。配制的水泥浆停置超过 2h 后，应降低强度等级使用。水泥浆的搅拌时间不得少于 3min，如果时间较短，水泥浆搅拌不均匀，注入后将影响搅拌桩的成桩质量。

④ 控制每根桩的水泥浆用量，注浆时的压力由水泥浆输送泵控制。泵送须连续进行，送浆不得中断。现场应确保具有足量的水泥浆，避免出现水泥浆量不足，导致注浆

泵无法正常工作的现象。

⑤ 相邻两根桩的施工间隔不应超过 24h，否则应进行补桩处理。

⑥ 提升喷浆至地面，若钻头被夹泥包裹时，应采取措施去除夹泥。使用搅拌或上提钻杆甩掉黏泥或采用人工清除夹泥，避免出现空心搅拌桩。

2）地连墙支护

为保证基坑及紧邻建筑的安全，针对建筑密集区采取了考虑"时空效应"的精细化施工方案，基坑围护结构与紧邻建筑剖面图见图 4-4-1。此处为某建筑距离基坑最近截面，最小距离为 10m，且南北两侧地表高程不同，地下有多层承压含水层，环境复杂。为对围护结构及周边保护建筑起到有效变形控制，采用 1.2m 厚深地连墙作为围护结构，配合五道横支撑及两根型钢格构立柱进行支护。其中第一、三道横支撑为钢筋混凝土支撑，采用 C30 混凝土浇筑，其余三道为钢支撑，分别为直径 609mm 钢管与直径 800mm 钢管，壁厚均为 16mm。同时，每道钢筋混凝土支撑处设置冠梁、圈梁和两根支撑立柱。考虑基坑"时空效应"，在开挖时将基坑分为五层开挖，先开挖一、二层，再施作垫层，保证基坑稳定的情况下再快速开挖剩下三层，并及时封底。考虑现

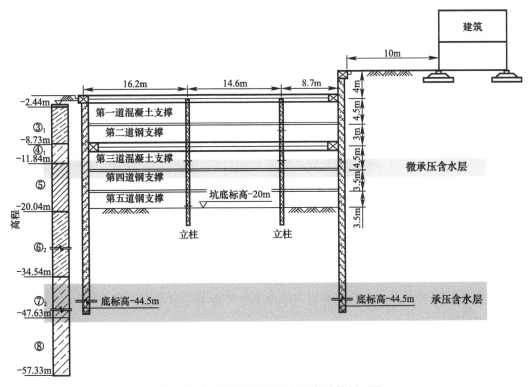

图 4-4-1 基坑围护结构与紧邻建筑剖面图

场有多层含水层，在开挖土层之前提前 20d 采用疏干井 24h 连续降水，保证抽水工期充足，要求井点降水水位在开挖面以下 1m，并在开挖第三层前将坑内承压水降到安全水位。同时，土体开挖与设置支撑工序紧密连接，先开挖，后支撑。土方开挖以 6m 为一个作业进尺，开挖时间控制在 10h 之内，设置钢支撑时间控制在 8h 内。通过上述施工措施，对基坑围护结构变形进行了有效控制。

（3）钢支撑伺服控制

采用智能钢支撑轴力补偿系统（图 4-4-2）及基坑变形监控系统作为基坑支护的设备之一。智能钢支撑轴力补偿系统能够对基坑进行实时监测，大大提高基坑开挖的安全性。

图 4-4-2　智能钢支撑轴力补偿系统

传统的支撑轴力补偿系统采用比例溢流阀调节液压千斤顶的压力，使用机械锁防止溢流阀失效导致的轴力突然下降。但是机械锁有不足之处：第一，夜间温度降低时，钢支撑收缩，机械锁与千斤顶脱开，失去对液压千斤顶的保护。因此需要现场人员经常调试机械锁的松紧，保证其安全性。第二，地连墙对千斤顶作用力加大时，机械锁承担的压力过大，可能导致冲切破坏的发生。第三，机械锁只能保证比例溢流阀失效时轴力不失效，并没有考虑液压系统损耗带来的经济损失。

支撑轴力补偿系统提高了液压系统的稳定性，避免机械锁、比例溢流阀等带来的一系列问题。可以做到 24h 实时监控，低压自动补偿、高压自动报警，提供全方位多重安全保障，非常适用于对基坑变形严格控制的工程项目。

4.4.2　现场监测及结果分析

现场监测数据不仅可以在施工时对基坑施工进行及时指导与反馈，还可以在施工结束后对基坑及邻近建筑位移变形规律进行直观分析。不过，由于土体开挖对基坑围护结构变形的影响更大，众多学者对大刚度支护体系基坑变形的研究最早从土体开挖卸荷对基坑影响开始。

本次监测范围覆盖隧道主线全长 4469.3m，施工范围广，对周边环境影响较大，特别是教育组团区段沿线分布众多重要建筑物，施工难度大，环境保护要求高，故对此区段进行重点监测分析。根据前面分析可知，基坑位于软弱地层，且涉及多层含水层降水，虽然设置了悬挂式隔水帷幕保障基坑降水工程安全，但仍会对基坑周边渗流场造成影响，而基坑减压降水对周边环境的影响机理尚不明确。为保证施工安全，进一步分析基坑承压含水层降水对周边环境的影响，不仅需要对基坑围护结构变形进行监测，还需要在施工全过程关注紧邻保护对象的变形，主要监测项目见表4-4-1，基坑监测点布置图见图4-4-3。

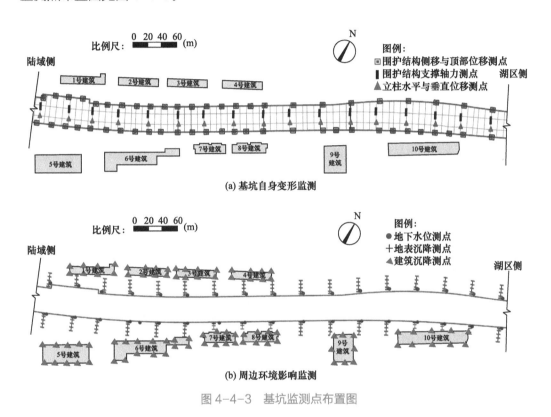

图 4-4-3　基坑监测点布置图

主要监测项目表　　　　　　　　　　　　　　　表 4-4-1

监测目标	监测项目	监测位置	测试元件	测点布置
基坑自身变形	围护桩顶水平、竖向位移	围护桩顶	经纬仪水准仪	沿基坑两侧布置，间距20m
	桩体变形、土体深层水平位移	围护桩身	测斜管、测斜仪	与围护桩顶位移同点
	支撑轴力	横支撑	应力计	钢支撑与混凝土支撑
	立柱沉降	立柱	水准仪	坑内立柱顶部，间距40m
	坑底隆起	基坑底部	水准仪	统一通过立柱沉降情况监测
周边环境安全	地下水水位	基坑周边	水位管水位计	沿基坑两侧布置，间距40m
	地表沉降	基坑周边	水准仪	间距30m，每断面测点不少于3个
	建筑基础沉降	紧邻建筑	水准仪	沿建筑边线布置，每栋建筑不少于8个

经调查统计，基坑深度影响范围内共有建筑物 10 栋，基本与基坑开挖方向平行，紧邻建筑物结构大部分为扩大基础 4～5 层砖混结构，其中，10 号建筑与基坑距离最小 10m，仅为 0.5 倍开挖深度。

首先，通过对 10 号建筑各角点沉降监测值进行分析。其次，结合数值模拟结果对建筑沉降倾斜进行对比分析。图 4-4-4（a）为 10 号建筑角点沉降监测值随施工时间变化情况，可见 4 个角点在开挖过程中均表现为沉降。当开挖结束时，最大沉降量达到 50.19mm，出现在最靠近基坑角点；最小沉降量为 23.69mm，出现在最远离基坑角点。随基坑开挖深度增加，处于同一横截面的角点沉降变化趋势一致，且沉降量基本相同，同时，靠近基坑的角点沉降量较大，远离基坑的角点沉降量较小。这样的同步沉降对减小建筑损伤来说是有利的。

由于坑外各建筑与基坑长边并非完全平行，通过现场监测发现建筑物存在一定的不均匀沉降情况，采用差异沉降法推算建筑物基础相对倾斜率。首先，测定基础两端点的差异沉降量 ΔD。其次，按基础两端宽度 a，则倾斜率 i，见式（4-41）。

$$i = \Delta D / a \qquad\qquad (4-41)$$

图 4-4-4（b）为 10 号建筑各边倾斜率随施工时间变化情况。其中，建筑长边倾斜率很小，施工全程最大值仅为 0.198‰，建筑短边横截面由于与基坑开挖方向垂直，呈现出明显向坑内倾斜的趋势。靠近基坑的建筑短边最大倾斜率为 1.06‰，远离基坑的建筑短边最大倾斜率为 0.59‰，均出现在第三层开挖时，并在后续开挖中略有减小，整体变化趋势相近。这可能是由于基坑外土体由远及近受到基坑开挖影响，在开挖第三层后建筑远离基坑角点沉降与靠近基坑角点沉降逐渐有统一增大趋势，从而使建筑短边倾斜率有一定恢复。

综上可知建筑最大沉降与倾斜率并未超过规范要求，但在开挖底层前建筑沉降有快速增大趋势，在开挖第三层时，短边倾斜率有快速增大趋势。建议在以上开挖阶段中，特别注意基坑开挖的时间效应，遵循"先撑后挖、快速封底"原则，防止基坑暴露时间过长，导致紧邻建筑出现过大位移，发生危险。然而，由于针对建筑的监测手段及测点布置数量有限，缺乏对地表沉降趋势及建筑结构安全性的分析。

由于建筑沉降监测点布置数量有限，通过数值模拟方法建立 10 号建筑基础及其上部结构，进一步研究基坑周边建筑物的变形机理。图 4-4-5 为基坑开挖结束后 10 号建筑位移云图。建筑最大沉降点位于建筑地基离基坑最近的角点，最大沉降值为 5.39cm，最小沉降点位于斜对角，最小沉降值为 2.63cm，如同监测数据所示，建筑整体呈现向

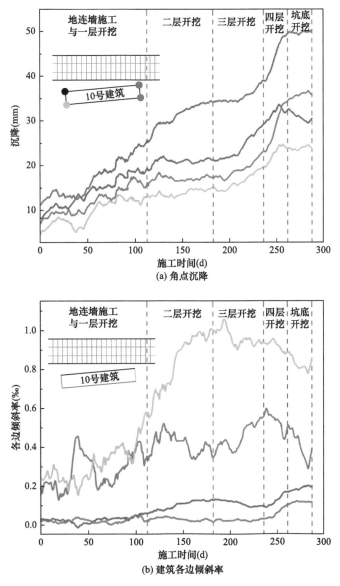

图 4-4-4　10 号建筑沉降与倾斜率随施工时间变化情况

坑内的水平位移。最大水平位移点位于建筑离基坑最近横截面的远角处顶板，最大水平位移值为 2.12cm，最小水平位移点位于同一横截面的基础角点，最小水平位移值为 1.45cm。可见建筑沉降大小基本与基坑距离呈正相关，但由于建筑长边与基坑边线存在夹角，导致建筑出现较明显的不均匀沉降。观察水平位移可知：建筑整体向坑内发生较大的水平位移，但水平位移大小与建筑高度呈正相关，因此，建筑每层楼板水平位移大小接近，有利于建筑安全。但建筑高层水平位移较大，需要进一步分析、判断建筑倾斜及变形情况，由此绘制图 4-4-6 建筑底板竖向位移三维分布图。

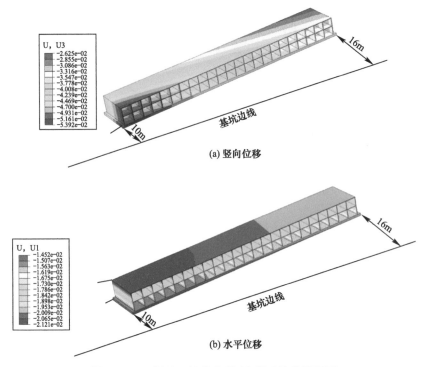

图 4-4-5　基坑开挖结束后 10 号建筑位移云图

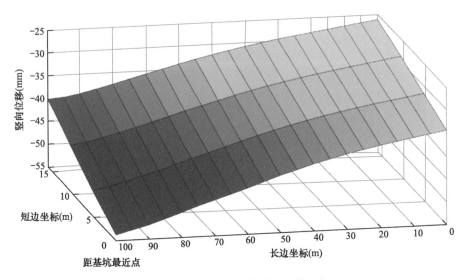

图 4-4-6　建筑底板竖向位移三维分布图

　　由图 4-4-6 可见建筑地基向距基坑最近角点发生了一定的扭转，造成了建筑向坑内局部倾斜，但基础整体仍近似平面，无沉降突变。根据数值模拟结果计算建筑最大倾斜率，随基坑土层逐渐开挖为 0.939‰、1.011‰、0.499‰、0.823‰、0.858‰，与监测值较为接近。类似于监测值变化规律，建筑倾斜率在承压含水层减压降水之后有大幅回落。结合地表沉降分析可知：是承压含水层降水导致远处地表有大沉降，变相减小了建筑的倾斜趋势。纵观施工全过程建筑倾斜趋势，监测与模拟倾斜率均小于规范允许值 2‰，较为安全。

4.4.3 施工控制要点

由于该基坑潜水层及微承压含水层完全被隔水帷幕隔断，通过对渗流场的分析也能证明其越流极其微小，故潜水层和微承压含水层的降水方案调整对基坑整体变形并无明显影响。然而，地下承压含水层涌水量较大，有明显渗流补给，通过对坑外地表沉降的分析也可知承压水减压降水对周边环境影响较大。在减压降水方案中，承压含水层降水深度为关键指标，降水深度不足时会对基坑安全造成影响，而降水深度过大时，则会增大施工成本，并加剧对周边环境影响。

为分析不同降水深度对基坑及周边环境的影响，以符合实际工况的有限元模型为基础，仅改变承压含水层坑内降水深度 $S_内$，分别对降深为 0m、7.5m、10.5m、13.5m、16.5m、19.5m 情况下的地表沉降、建筑倾斜、坑底隆起、坑外水头、地连墙水平位移等数据进行分析。

（1）地表沉降及建筑倾斜

图 4-4-7 为不同降水深度下坑外地表沉降曲线，可见虽然改变了承压含水层坑内降深 $S_内$，但坑外地表沉降曲线的分布形式仍为凹槽形曲线，且有明显的主次影响区域之分。然而随降水深度增大，坑外地表的整体沉降也逐渐增大，最大沉降值由小至大分别为 39.15mm、47.54mm、50.73mm、55.6mm、60.41mm、65.22mm，较不降水情况下分别增大了 21%、30%、42%、54%、67%，且与降水深度呈近似线性关系。但整体沉降现象在远离基坑处更为明显，这可能是由于地连墙对土体的摩阻力影响部分限制了沉降。

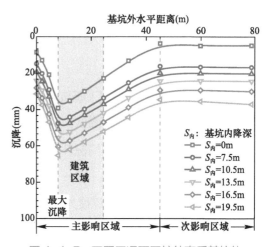

图 4-4-7 不同工况下开挖结束后基坑外地表沉降曲线

进一步分析开挖结束后紧邻建筑的倾斜率，发现：随着降水深度增大，其最大倾斜率分别为 1.01‰、0.87‰、0.86‰、0.86‰、0.85‰、0.82‰。结合地表沉降曲线，可知承压含水层降水对周边环境影响主要体现为地层整体沉降，而当建筑各角点发生整体均匀沉降的时候，能够变相减小其倾斜趋势。故承压含水层减压降水在一定程度上对减缓紧邻建筑物的倾斜趋势有利，但会增大建筑物的整体沉降。因此，建议将承压含水层降水深度控制在 10m 以上，可以将建筑最大沉降控制在 50mm 以内。

（2）基坑底隆起

改变承压水降水高度后，基坑底部隆起也有较大变化，图 4-4-8 为不同工况下开挖结束后累计基坑底隆起曲线。可见坑底隆起逐渐增大，若不对基坑承压含水层处理，则坑底隆起最大值为 119mm，远大于警戒值，无法保证基坑稳定性。而一旦对基坑进行减压降水，便可以有效地遏制坑底隆起趋势。

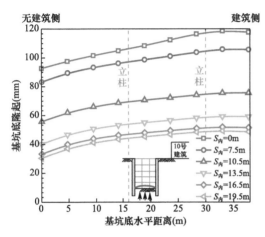

图 4-4-8 不同工况下开挖结束后累计基坑底隆起曲线

另一方面，基坑底隆起与降水深度并非呈单纯的线性变化。当降水深度在 13.5～19.5m 时，对基坑底隆起的限制作用远不如降水深度在 7.5～10.5m 时对基坑底隆起的限制作用大。综合考虑其余变形控制参数，建议降水深度不小于 10m，将降水深度控制在 13.5m，能够对基坑底隆起起到较好的变形控制作用。

（3）坑外水头对比

观察图 4-4-9 不同工况下基坑外承压水水头曲线，可见随基坑内承压水降水深度增大，基坑外承压水水头逐渐降低，但受隔水帷幕的阻隔作用，基坑外降水程度有限。计算其隔水有效比，除未降水情况外，比值均在 41.58% 左右，由此可知：同一工程中基坑外降水深度与基坑内降水深度为正比。

根据有效应力原理，基坑外水位降深越大，地表越容易发生沉降。而由于基坑内外降水深度呈一定比例关系，在仅考虑土体一维压缩的情况下，基坑内降水与基坑外地层整体沉降也呈线性函数关系。故将地表沉降作为判断指标决定基坑内降水

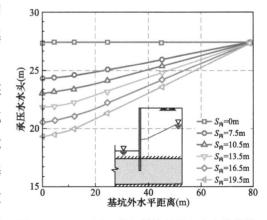

图 4-4-9 不同工况下基坑外承压水水头曲线

深度时，可以近似通过两者线性关系判断合理降水范围。

（4）地连墙水平位移

图 4-4-10 为不同工况下地连墙水平位移，正值为向坑内方向。可见地连墙受承压水减压降水的影响较小，且主要体现在帷幕底部受承压水压力部分，此处地连墙水平位移随降水深度的增大而增大，且越靠近底部位移越大，降深 19.5m 时的底部水平位移较未降水时的底部水平位移增加许多。这是由于降水后隔水帷幕在基坑内外两侧会出现一定的水头差，且基坑外水头差大于基坑内水头差，会使隔水帷幕受到向基坑内部的压力，从而使其向坑内水平位移增大。然而，由于承压含水层位于隔水帷幕底部，基坑降水导致隔水帷幕内外压力差有限，最终仅使最大水平位移增大 2.01mm。但应特别注意，当类似工程

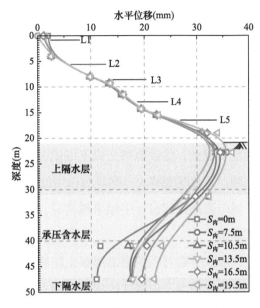

图 4-4-10 不同工况下地连墙水平位移

中承压含水层位于隔水帷幕最大位移处时，必须考虑降水所致压力差是否会使隔水帷幕位移增大，从而危害基坑安全。但总体来说，承压水降水对地连墙水平位移的影响较小。

综上所述，综合考虑基坑围护结构变形与周边保护建筑影响，将承压含水层降水深度定为 10.5m，能够在保证基坑安全的前提下适当减小建筑沉降。

5 大断面明挖隧道防渗抗裂控制技术

随着我国经济社会的快速发展，城市道路交通建设高速发展，我国人均汽车保有量越来越大，导致道路交通不堪重负，城市交通堵塞的问题愈发严重。面对城市拥堵问题，下穿隧道解决方案具有占用空间小、不影响城市景观、不割裂城市空间的优势，在城市道路改建设计中越来越常见，各大城市均开始在城市主要道路交叉口采用下沉式隧道。

本章主要对明挖隧道混凝土防渗抗裂进行分析，总结裂缝产生的原因，利用高性能双光栅温度—应变式传感器，建立数据采集系统，实时获取混凝土温度以及应变监测数据，揭示温度、应变随时间的变化规律，以及空间分布规律。利用 Midas Fea 有限元分析软件对穿湖隧道超大尺度混凝土进行建模，分析隧道混凝土的温度场和应变场的变化规律。

5.1 明挖隧道混凝土防裂技术

5.1.1 裂缝产生的原因

导致明挖隧道混凝土裂缝产生的原因有很多，一般将其分为两大类：内因和外因。

混凝土裂缝产生的内因：混凝土在养护过程中水泥水化产生大量热量，形成内外温差；混凝土的抗拉强度较低，当拉应力大于抗拉强度时，将产生裂缝；混凝土原材料的质量问题，骨料本身的缺陷产生的微裂缝，具体分析如下：

（1）混凝土内外温差

混凝土在浇筑和养护过程中产生的温度裂缝，主要原因在于混凝土内外温差。在混凝土浇筑和养护期间，活性化学组分会与水发生水化放热反应，释放出大量的热量，但由于混凝土的导热性差，大量的水化热无法被及时排出，在混凝土中积聚，导致混凝土内温度升高，而混凝土的表面热量流失速度较快，混凝土内外表面的温差很大，很容易出现温度裂缝。

（2）混凝土抗拉强度

混凝土抗拉强度和弹性模量是影响其温度应力力学性能的重要因素。混凝土的抗拉强度比抗压强度低，当混凝土存在内外温差时，会在混凝土内部产生拉应力，当拉应力超过抗拉强度时，会出现不同程度的温度开裂。

（3）混凝土原料缺陷

从微观结构看，混凝土在凝结硬化的过程中，会有大量的自由水蒸发，在混凝土中产生一定程度的微裂缝，并按微裂纹的部位可分为三类：黏着裂缝、水泥石裂缝、骨料裂缝。在没有外部扰动的条件下，微裂缝是均匀分布的，其对混凝土的作用较小。当受到温度应力作用时，微裂缝会产生膨胀、贯通，最终形成贯通裂缝，影响混凝土的安全性。

外界环境温度以及混凝土结构外约束是造成混凝土温度裂缝的重要外因。

（1）外界环境温度

若在夏天浇筑混凝土，由于环境温度过高，混凝土的入模温度也会升高，而在相同的水化热放热条件下，混凝土的最大温度会升高。同时，在混凝土浇筑和养护期间，如果外部环境发生突变，特别是遇下雨、寒潮天气等，外部环境温度急剧变化，混凝土表面的散热率将大幅改变，混凝土表面与混凝土内部的热交换速度相差较大，导致混凝土内外温差增大，混凝土开裂。

（2）外约束

外约束是指一个对象或结构的变形与其他对象或结构之间的相互制约。假定大体积混凝土在硬化期间，受到温度和湿度的影响，会发生均匀变形，此时，混凝土没有外力的影响，内部的应力仍然是零，不会出现开裂。当大体积混凝土受外界限制而无法自由收缩或发生非均匀变形时，在不同位置会出现应变差异，从而引起裂缝。比如，地基对隧道底板产生的约束作用等。根据外约束的强度，可以将外约束划分为三类：无约束、弹性约束、全约束。

结果表明，造成大体积混凝土开裂的原因有很多，从已有的数据可以看出：受力开裂的裂缝数量只占总裂缝数量的 20%，剩余数量 80% 的裂缝是因为混凝土不均匀的温度变形引起。因此，经济、有效的温度控制手段成为混凝土防裂的主要手段。

5.1.2 混凝土温度控制

影响穿湖隧道超大尺度混凝土温度效应的因素有很多，一类因素是混凝土自身的因素，如：混凝土原材料质量、混凝土配合比、混凝土是否添加掺合料、掺合料的多少、混凝土的绝热温升、混凝土的强度发展关系，以及混凝土的收缩徐变等，这些因素可以称为内部因素。另一类因素为外部因素，主要包括：隧道结构的尺寸大小、混凝土的入模温度、环境温度的变化、养护条件的改变，以及是否布置冷却水管等。

为了尽可能降低隧道混凝土的内外温差，减少混凝土裂缝，针对隧道混凝土浇筑前、浇筑中、浇筑后三个阶段，在每个阶段采取相应的控制措施。混凝土浇筑三阶段温度影响因素见图 5-1-1。在隧道混凝土浇筑前，从混凝土自身出发，调整混凝土配

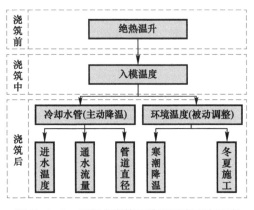

图 5-1-1 混凝土浇筑三阶段温度影响因素

合比，降低水泥用量，添加减水剂，降低混凝土绝热温升。在混凝土浇筑中，研究混凝土浇筑时的入模温度对混凝土温度效应的影响，提出降低混凝土入模温度的措施，在施工过程中砂、石、胶凝材料等的温度比较稳定，同时，环境温度也比较稳定，可通过控制拌合水的温度控制混凝土入模温度。在施工过程中，确定混凝土入模温度，通过公式计算得到混凝土的拌合水温度。在混凝土浇筑后，当仅仅通过降低混凝土入模温度无法保证隧道混凝土内外温差小于 25℃时，可通过布置冷却水管进一步降低隧道混凝土内外温差。

上述方法为主动降温方法，当环境温度发生变化时，混凝土与外界环境的热量交换会发生变化，应及时调整混凝土养护方法，保证混凝土内外温差不因环境温度变化产生过大的波动，引起混凝土开裂。环境温度的变化包括两方面内容：突遇寒潮降温，环境温度骤降；夏季与冬期施工时，环境温度不同。

5.1.3 混凝土硬化过程的温度及力学行为预测

为了了解混凝土温度效应与混凝土开裂之间的关系，对穿湖隧道的温度以及应变进行了现场监测，根据现场施工特点，运用有限元法对隧道混凝土进行热—力耦合模拟分析，全面考虑水泥水化热、混凝土入模温度、环境温度，以及热交换边界等重要的实测条件对数值模拟结果的影响，将数值模拟的结果与现场监测数据作对比，验证数值模拟结果的准确性，并对水化热作用下的温度应力展开分析，将温度应力与混凝土抗拉强度对比，判断混凝土的开裂情况。

（1）有限元模型

采用有限元分析软件 Midas Fea 对隧道超大尺度混凝土进行数值仿真计算。现场施工中先浇筑底板混凝土，再浇筑侧墙混凝土，最后浇筑顶板混凝土，按照此施工顺序对施工过程进行模拟。隧道模型长度 30m、宽度 32m、高度 9.2m，隧道底板厚度 1.5m，侧墙厚度 1.3m，顶板厚度 1.4m，隧道有限元模型网格划分如图 5-1-2 所示。

图 5-1-2 隧道有限元模型网格划分

（2）计算参数

隧道混凝土设计强度为 C40，其配合比见表 5-1-1。在计算过程中，混凝土采用弹性模型。弹性模量 $E=3 \times 10^4$MPa，泊松比 $\mu=0.2$，热膨胀系数为 1×10^{-5}，热传导率为 2.5W/(m·K)。

混凝土配合比 (kg/m³)　　　　　　　　　　　　　　　表 5-1-1

P·O42.5 级水泥	粉煤灰	矿粉	水	砂	石	高性能减水剂 BN	抗裂剂 FQY Ⅱ型
295	54	67	164	725	1044	5.30	25

混凝土收缩、徐变系数如图 5-1-3 所示。

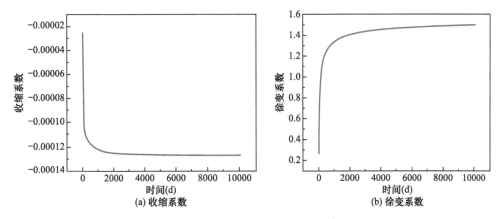

(a) 收缩系数　　　　　　　　　　　(b) 徐变系数

图 5-1-3 混凝土收缩、徐变系数

混凝土绝热温升曲线如图 5-1-4 所示。

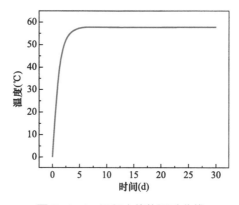

图 5-1-4　混凝土绝热温升曲线

根据现场环境温度实测数据，采用正弦函数模拟环境温度变化，表达式见式（5-1）。

$$F(t) = T \cdot \sin\left[\frac{2\pi}{24} \cdot (t + t_0)\right] + T_0 = T \cdot \sin\left[\frac{\pi}{12} \cdot (t + t_0)\right] + T_0 \qquad （5-1）$$

式中，T—温度变化幅度；t_0—迟延时间；T_0—平均温度。

（3）隧道混凝土温度模拟结果分析

按照现场施工情况进行模拟，在底板混凝土浇筑完成 120h 后，浇筑侧墙混凝土，侧墙混凝土浇筑完成 130h 后，浇筑顶板混凝土，现对有限元模拟结果进行分析。取底板混凝土浇筑完成后第 30h 的温度场进行分析，从图 5-1-5 中可以看出，在 30h 这个时间点，底板混凝土最高温度为 72℃，且最高温度大致分布在底板中心位置，混凝土上表面与下表面相比，温度低很多，究其原因，是混凝土上下表面的边界条件存在较大差异，混凝土上表面为土工布，而混凝土下表面与素混凝土垫层直接接触，混凝土的散热能力差别很大。

图 5-1-5　底板混凝土浇筑后 30h 温度云图

取侧墙混凝土浇筑完成后 30h 的温度场进行分析，从图 5-1-6 可以看出，在这个时间点，底板的整体温度相比于底板混凝土浇筑完成后 30h 的温度有较大幅度下降，且底板最高温度区域从底板中心向底板下表面偏移，随着时间的推移，混凝土上表面散失的热量越来越多，低温区域越来越大。侧墙混凝土在浇筑完成后 30h，最高温度达到了 72.3℃，并且最高温度区域偏向于外表面（主要是底板内外表面边界条件的差异，底板内表面用钢模板进行养护，钢模板保温效果较差，热量更易散失）。中隔墙相比于侧墙，厚度相差大，并且两侧都是钢模板养护，在侧墙浇筑完成后30h，已经散失大部分水化热，温度已经降到了40℃以下。底板倒角区域的混凝土因为受到侧墙混凝土的影响，出现了一块相对高温区域。

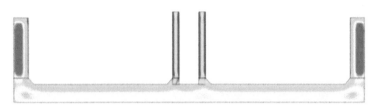

图 5-1-6　侧墙混凝土浇筑后 30h 温度云图

取顶板混凝土浇筑完成后的第30h的温度场进行分析，从图5-1-7中可以看出，在这个时间点，顶板的最高温度达到了77.8℃，顶板的温度整体比较均匀，最高温度区域分布在顶板中心区域，并且上下表面虽然边界条件存在差异，但是散热速率相差小，上下表面的温度相差小。在顶板混凝土浇筑完成后的第30h，底板以及侧墙混凝土水泥水化所产生的热量不再积聚在混凝土内部中心，随着时间的推移，逐渐均匀分布在混凝土中，随着热量的散失，温度已经大幅度下降。受到顶板混凝土水化放热的影响，与顶板相接触的侧墙部分温度高于侧墙其他部分温度。

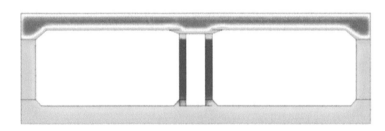

图 5-1-7　顶板混凝土浇筑后 30h 温度云图

（4）隧道混凝土温度应力分析

将数值模拟结果与现场实测值对比，数值模拟值与实测值相差较小，数值模拟能够较好地反映现场实际情况。混凝土温度应力对于研究混凝土的温度裂缝具有十分重要的意义，当混凝土的温度应力小于抗拉强度时，混凝土不会产生裂缝，混凝土结构是安全的。当温度应力大于抗拉强度时，将会产生混凝土温度裂缝，下面将对隧道底板、侧墙以及顶板的温度应力展开分析。

1）底板温度应力分析

图5-1-8为底板温度应力时程曲线。从图中可以看出，底板上表面测点在混凝土

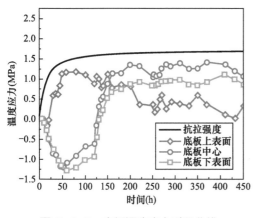

图 5-1-8　底板温度应力时程曲线

浇筑完成后，温度应力出现短暂下降后开始上升，在 80h 达到 1.19MPa 后有所下降，随着混凝土的凝结硬化，混凝土开始收缩，混凝土上表面拉应力逐渐下降，在 430h 下降到 0.03MPa 混凝土上表面不会出现裂缝。底板中心与底板下表面温度应力变化趋势相近，在混凝土浇筑完成之后，温度应力下降出现压应力，在 50h 左右达到最小值，随后温度应力开始上升。在 130h 以后，由压应力转变为拉应力，并逐渐增加。到 450h 均为拉应力状态，底板中心温度应力最大值、底板下表面温度应力最大值，均并未超过混凝土抗拉强度，混凝土不会出现裂缝。在这个时间段，底板中心温度应力均大于底板下表面温度应力。

2）顶板温度应力分析

图 5-1-9 为顶板温度应力时程曲线。顶板温度应力发展趋势与侧墙温度应力的发展趋势相似，均为先减小后增加。顶板上表面温度应力最小值出现的时间较早，由于隧道顶板采用脚手架支撑，混凝土上表面的温度应力较早地从压应力转变为拉应力。顶板中心在 250h 时温度应力、顶板上表面在 280h 温度应力均超过混凝土抗拉强度，混凝土开裂。顶板下表面温度应力最大值也未超过混凝土抗拉强度，不会出现混凝土裂缝，并在 180h 之后趋于稳定。

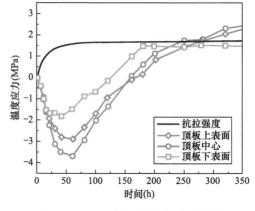

图 5-1-9　顶板温度应力时程曲线

（5）隧道混凝土损伤原因分析

混凝土损伤是指混凝土内部微观以及宏观的缺陷。在混凝土浇筑过程中，内部将会出现孔洞与微裂纹，这是混凝土结构的初始缺陷，会造成混凝土结构的初始损伤。随着混凝土损伤的不断积累，混凝土结构将会出现裂缝，最终导致混凝土结构的破坏。温度作用下混凝土结构出现的损伤不容被忽视，对于超大尺度混凝土结构，温度作用所造成的损伤甚至要大于一些活荷载所造成的损伤，有鉴于此，研究温度作用下混凝土的损伤分布情况，进一步完善混凝土结构裂缝的防控措施具有十分重要的意义。

混凝土是由水泥砂浆与粗骨料混合而成，在施工和养护期间，由于水泥的水化放热作用，使混凝土结构经历升温和降温两个阶段：

首先，由于水化作用而引起收缩裂缝，其主要原因是水泥石的受热性能的变化。在低温下，由于 C-S-H 胶体水溶液的脱水作用，引起混凝土的收缩和裂缝。在加热时，若 Ca(OH)$_2$ 水分流失过多，则会形成大量的 CaO，使 Ca(OH)$_2$ 体积变小，从而引起应力。在混凝土冷却后，CaO 与外部的水发生接触，形成 Ca(OH)$_2$，由于体积的增大会引起更大的压力，从而造成裂纹的出现和蔓延。

其次，由于混凝土和粗骨料的热膨胀系数不同，在温度升高时，混凝土和粗骨料之间的接触面是最脆弱的，导致混凝土有微裂纹。温度变化越大，破坏越严重，温度越高，界面裂纹就越多。在温度低情况下，损伤的发展速度很慢，几乎是直线的。温度越高，损伤越严重。随着水化热的消失，温度也随之降低，裂纹不断扩大，直至形成贯通裂纹，严重影响混凝土结构的安全。

因此，对于超大尺度混凝土结构，在浇筑完成混凝土后，水泥水化热所引起的升温是极其不利的。在升温过程中，会造成混凝土损伤，出现混凝土裂缝，并且这种损伤是不可逆的，在降温过程中，出现的裂缝并不会愈合，会继续开展，损伤越来越严重。

5.2 明挖隧道混凝土防渗技术

隧道和其他地下工程处于岩土层中，隧道穿过或靠近地下含水层时，将受到地下水的渗透作用，若衬砌的防水及排水设施不完善，尤其是衬砌变形缝处的防渗结构不能够满足地裂缝活动条件下的防渗要求的话，地下水就会浸入隧道，发生隧道渗漏水。

5.2.1 渗水问题分析

隧道渗水具有多样性，而引起隧道渗水的原因也是复杂多样的，总体讲，引起明挖隧道渗水的原因主要有两种，分别为：设计、施工因素引起渗水，防排水失效引起渗水。

（1）设计是前提，施工是关键，绝大部分的隧道出现渗水是由于前期设计及施工过程中存在不足而引起的。因此，为避免隧道后期渗水现象的发生，应严格控制设计及施工质量。设计、施工原因引起隧道渗水的原因如表 5-2-1 所示。

（2）防排水失效引起渗水

由防排水失效引起渗水，从其失效的位置看，原因主要有以下几种：

1）隧道结构外防水失效

隧道结构外防水是隧道结构防渗漏的一道重要防线，尤其是在明挖隧道中，通常

设计、施工因素引起隧道渗水的原因 　　　　　表 5-2-1

类型	引起渗水的原因
设计原因	① 对隧道水文地质条件掌握不充分，防水设计不合理 ② 未能对隧道洞室结构的力学性质及防水部位的结构特点合理选取防水材料 ③ 对隧道防水标准及防水等级没有合理确定，未能正确确定防水思路与方法
施工原因	① 施工队伍不正规，施工人员不能按设计要求进行正确施工。有偷工减料、卷材防水层搭接不规范、粘结不密实、涂抹层厚薄不均、节点未做密封处理等不良现象，导致隧道发生渗水 ② 防水混凝土配置不合理，抗裂性、抗渗性差，进而引起渗水 ③ 施工管理混乱，施工人员监督不力，浇筑混凝土过程中出现振捣不均匀、渗漏、混入杂物等影响其质量的因素

采用外防水体系进行附加防水。所谓结构外防水，就是在结构的迎水面通过采用各种防水材料搭接、拼装形成一个整体的隔水屏障，将地下水挡在结构外，然而，由于施工及防水材料等各方面的原因，通常会出现不尽如人意的结果。具体来说，有以下几种原因：

① 隧道结构自由伸缩或沉降变形过大或裂缝过宽，超出了材料本身的延伸性，以致防水材料破裂，形成渗水通道。

② 防水层与基面粘结不牢固，在围岩应力作用下造成防水层空鼓、脱落等问题，导致防水层的破损。

2）结构接缝变形使外防水失效

结构接缝主要有：为便于施工而设置的施工缝，为能适应结构的自由伸缩变形而设置的变形缝，为能适应结构发生不均匀沉降需要而设置的沉降缝，它们也是目前地下工程防水最薄弱的部位。据不完全统计，目前，我国国内既有隧道的渗水有 70% 以上出现在结构的"三缝"，即：施工缝、变形缝和沉降缝。相对而言，施工缝由于缝隙较小，出现渗水时，比较容易处理，与衬砌混凝土普通裂缝一样，注浆即可堵漏。而对于变形缝，长期受结构的自由伸缩变形而发生伸缩变形，变形缝有渗水，治理起来非常困难。通常的治理方法只能在短时间内起作用，一次治理很难达到根治的效果。

目前，在隧道施工缝、变形缝等薄弱部位的防水设计中，通常都设有 3～5 道防水措施。所用的防水材料通常有：外贴式止水带、中埋式止水带、注浆管、嵌缝膏等。然而，后期还是会出现很大程度的渗水现象，究其原因，主要有以下几点：

① 隧道结构纵、环向施工缝及变形缝在混凝土浇筑过程中，外贴式止水带在混凝土的冲击作用下发生局部扭曲变形或损伤，失去了防水作用。

② 隧道变形缝长度设置不合理，未能根据当地气温条件以及混凝土材料属性正确、

合理设置变形缝宽度。

③中埋式止水带的设置对施工水平要求较高，而目前的施工水平很难保证中埋式止水带与周围混凝土形成整体防水屏障。

3）衬砌结构自防水失效

所谓自防水混凝土，即通过调节配合比，掺加外加剂等措施，使衬砌混凝土既能承受足够的荷载，又能起到良好的防水效能。常见的防水混凝土有：普通防水混凝土、外加剂防水混凝土、膨胀水泥防水混凝土。相对而言，后两种较常用。在明挖隧道中，由于其结构比较简单，常采用混凝土结构自防水作为防水体系。虽然采取了很多加强措施，但往往还是会在混凝土结构上出现渗水现象，其原因主要有以下两点：

①对自防水混凝土的认识不全面。在实际工程中，技术人员往往只注重混凝土的抗渗等级；而片面地认为混凝土的抗渗等级越高，防水能力就越好，忽视了前期施工与后期养护的重要性。

②在施工过程中由于监督不力，管理不严，使得混凝土结构存在如蜂窝、麻面等缺陷。

5.2.2　防水设计

（1）接缝防水

隧道主体结构设置变形缝，变形缝间距：暗埋段为60m，敞开段为30m，局部调整。变形5～10月份，缝宽为15mm，其余季节施工，间距＜70m时，缝宽为20mm；间距≥70mm的缝宽为25mm；横向垂直施工缝间距≤30m。隧道主体结构的墙体每层设置1～2道纵向水平施工缝，如图5-2-1所示。

1）暗埋段变形缝防水

底板、侧墙变形缝迎水面设置外贴式橡胶止水带，顶板变形缝迎水面采用低模量聚氨酯密封胶嵌缝，并与侧墙外贴式止水带搭接封闭。

暗埋段顶板、底板、侧墙变形缝内设置中埋式钢边橡胶止水带。钢边橡胶止水带的钢边两端设置预埋注浆管。

暗埋段变形缝背水面设置内装可卸式止水带，并兜绕成环。可卸式止水带采用穿孔型压件系统。

2）暗埋段施工缝防水

横向垂直施工缝及纵向水平施工缝均采用反应性丁基橡胶腻子钢板止水带结合遇水膨胀止水橡胶条作为防水措施。

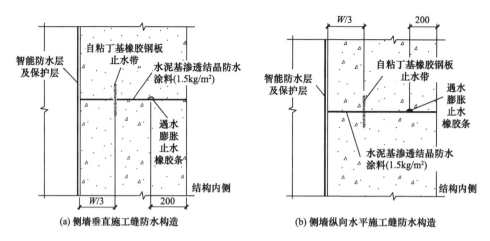

图 5-2-1 接缝防水示意图

纵向水平施工缝浇筑混凝土前，应将其表面浮浆和杂物清除。横向垂直施工缝浇筑混凝土前，应将其表面清理干净。在未凿毛处刷水泥基渗透结晶型防水涂料，水泥基渗透结晶型防水涂料用量为 1.5kg/m²，而设置遇水膨胀止水橡胶条的位置无需凿毛。

3）敞开段接缝防水

所有中埋式止水带在侧墙顶部以下收口，并用膨胀橡胶块封口。外贴式止水带在侧墙出地面处，采用低模量聚氨酯密封胶封口。敞开段变形缝背水面采用高模量聚氨酯密封胶嵌缝代替内装可卸式止水带。

（2）附加防水层

隧道结构迎水面设置柔性全包防水层。隧道底板及有围护结构的侧墙迎水面采用 1.2mm 高分子自粘胶膜防水卷材作为结构外防水层。隧道顶板和放坡开挖的侧墙迎水面采用 2.0mm 高分子聚合物防水涂料，以及一层 1.5mm 自粘聚合物改性沥青防水卷材作为结构外防水层。

（3）其他特殊构造防水

1）降水井过底板处理

浇筑底板混凝土前，在降水井表面套一个直径为 850mm 的 10mm 厚钢板，在底板顶下 10cm 留直径 850mm、厚 10cm 的回填区，待封井前浇筑混凝土。底板中间位置沿着套管设置止水法兰，在法兰与套管中间填塞遇水膨胀止水橡胶条。钢套管在经过底板底部时，将围护井管的防水卷材使用金属箍加固。进行封井施工时，上部使用直径 850mm 的 10mm 圆钢板盖住井口，与钢套管焊死。盖板外围填聚硫密封胶，盖板上方填塞聚合物防水砂浆。

2）钻孔桩过底板处理

破除钻孔桩桩头后，立即对桩头表面进行清理，若发现漏水，需先使用双快水泥对漏水处封堵，将水止住。将表面清理干净后，在桩头表面及桩两侧涂刷水泥基渗透结晶防水材料，与底板连接处，外露钢筋与桩混凝土连接处设置遇水膨胀止水橡胶条。

3）穿墙管防水处理

主体结构施工过程中，穿墙管在穿越主体结构底板过程中，为了确保底板防水质量，要进行防水处理。穿墙管防水主要采用止水法兰环与套管、封口密封胶相互配合进行防水。

5.2.3 原材料选择

原材料优选的目的是为混凝土配合比的优化质量可控创造条件。原材料是混凝土配制的基础。

为达到混凝土高性能防渗抗裂、高耐久性的要求，配制混凝土时应选用优质水泥，选用性能优良的矿粉、粉煤灰矿物掺合材料，限制每立方米混凝土中胶凝材料的最低和最高用量，总胶凝材料≤380kg/m³。

（1）水泥

选用硅酸盐水泥或普通硅酸盐水泥，其质量符合相关规范的要求。

（2）粉煤灰

粉煤灰原材料符合《用于水泥和混凝土中的粉煤灰》GB/T 1596—2017 的相关要求。

（3）矿粉

原材料符合相关规范的要求。

（4）粗、细骨料

不使用具有碱活性的粗、细骨料，粗骨料使用洁净花岗石碎石，品质应级配良好，最大粒径不得大于 38mm，粒径 5～25mm。碎石中氯离子含量≤0.02%，含泥量≤0.7%，泥块含量≤0.3%，针片状含量≤10%，含沙率≤1%。碎石抗压强度≥48MPa，压碎值指标≤1，细骨料应使用中砂，细度模数应为 2.3～2.9，符合Ⅱ区颗粒级配的要求。砂中含泥量不大于 1.5%，泥块含量不大于 0.5%。不使用海砂、山砂及风化严重的多孔砂。

（5）混凝土用水

使用不影响水泥正常凝结、硬化或不促使钢筋锈蚀的水，符合《混凝土用水标准》JGJ 63—2006 的要求。

（6）外加剂

外加剂的质量符合《混凝土外加剂》GB 8076—2008 的规定。外加剂的使用符合《混凝土外加剂应用技术规范》GB 50119—2013 的要求。本隧道外加剂选用具有减水、防收缩等功能的聚羧酸系高效减水剂。

（7）抗裂剂

为了有效地控制混凝土裂缝，采用补偿收缩混凝土＋水化热调控的双重控制技术。补偿收缩混凝土通常采用掺入混凝土膨胀剂，补偿混凝土的收缩降低混凝土的开裂风险。水化热调控技术通过抑制水泥水化加速期集中放热，降低早期放热总量，降低混凝土的水化温升，降低混凝土温度应力开裂风险。

高性能抗裂剂是一种具有水化热调控与三膨胀源（轻烧氧化镁、氧化钙和硫铝酸钙）补偿混凝土全周期收缩功能的抗裂剂。具有持续补偿收缩，避免急剧水化热释放和混凝土强度发展均衡技术特点。高性能抗裂剂的砂浆限制膨胀率满足《混凝土膨胀剂》GB/T 23439—2017 中 II 型产品要求，同时降低了水泥 24h 水化热（≥50%），远优于传统普通膨胀剂的抗裂效果。抗裂剂掺量宜为胶凝材料的 6%～8%。高性能抗裂剂的性能指标如表 5-2-2 所示。

高性能抗裂剂的性能指标　　　　　　　　　　　　　表 5-2-2

项目		性能指标要求
限制膨胀率（%）	20℃水中 7d	≥0.050
	20℃空气中 21d	≥-0.010
抗压强度（MPa）	7d	≥22.5
	28d	≥42.5
水泥的水化热降低率（%）	初凝至 24 h	≥50
	7d	≤15

掺入高性能抗裂剂显著降低补偿收缩混凝土 24h 的水化温升，有利于混凝土降低混凝土早期温度应力引起的开裂风险。同时，多膨胀源补偿混凝土的全生命周期的收缩，在实际结构中，减少混凝土裂缝数量。从而保证隧道混凝土结构自防水功能，有效保证阻止地下水渗入，有利于混凝土的长期耐久性能。本标段主体混凝土中底板混凝土选用《混凝土膨胀剂》GB/T 23439—2017 中 I 型抗裂剂，侧墙混凝土和顶板混凝土选用《混凝土膨胀剂》GB/T 23439—2017 中 II 型高性能抗裂剂。

5.2.4 配合比优化

配合比优化主要技术路线如图 5-2-2 所示。

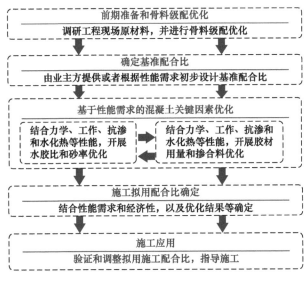

图 5-2-2 配合比优化主要技术路线

具体步骤是：首先，对现场原材料进行调研，并根据骨料已有情况进行级配初步优化。其次，根据性能需求确定基准配合比，为优化设计提供参考。再次，对关键因素进行两两优化，并进行交互调整，确定关键因素的影响和施工拟采用的配合比，以施工拟采用的配合比为对象，调整部分关键因素，进行验证和调整。最后，用调整好的配合比指导施工。

（1）混凝土配合比管理

混凝土配合比应满足混凝土强度、工作性能、耐久性能的要求。试配配合比设计选择膨胀剂（限制膨胀率的设计值为≥0.15%），配合比试验的限制膨胀率比设计高 0.005%，混凝土的强度标准差≤3.5MPa，抗渗等级提高 0.2MPa，混凝土初凝时间 6～8h，终凝时间控制为 12h。

混凝土配合比中结构混凝土耐久性要求见表 5-2-3。

按设计图纸要求：混凝土总碱含量不应超过 3.0kg/m³，总氯离子含量不应超过胶凝材料重量的 0.06%，侧墙宜掺 15%～30% 粉煤灰，不掺或少掺矿粉，其余位置双掺粉煤灰和矿粉，掺量宜为 25%～40%。抗裂剂掺量：底板、顶板混凝土宜为胶凝材料的 6%，侧墙混凝土宜为胶凝材料的 8%。

混凝土配合比中结构混凝土耐久性要求   表 5-2-3

设计使用年限级别		一（100 年）	二（60 年）、三（30 年）
56d 电通量（C）	＜C30	＜2000	＜2500
	C30～C45	＜1500	＜2000
	≥C50	＜1000	＜1500

混凝土耐久性主要技术指标见表 5-2-4。

混凝土耐久性主要技术指标   表 5-2-4

结构部位	最小强度等级	最大水胶比	最小胶凝材料用量（kg/m³）	最大胶凝材料用量（kg/m³）
顶板、底板、侧墙	C40	0.45	350	420

注：最小和最大胶凝材料用量以 P·O42.5 级水泥为基准，若使用更高强度等级的水泥，可根据实际情况调整。

由检测中心进行混凝土配合比设计（或验证设计），并经试配合格确定基准配合比方可施工，具体配合比见表 5-2-5。

混凝土配合比   表 5-2-5

原材料	胶结材料			水	砂	石	外加剂一	外加剂二
	水泥	粉煤灰	矿粉					
品种、规格、型号	P·O 42.5 级	Ⅱ级	S95		中砂	连续粒级 5～25mm	高性能减水剂 BN	抗裂剂 FQY Ⅱ型
水胶比 0.39	298kg	55kg	67kg	164kg	725kg	1044kg	5.34kg	25kg
水胶比 0.44	264kg	48kg	60kg	164kg	741kg	1066kg	4.47kg	22kg
水胶比 0.34	342kg	63kg	77kg	164kg	697kg	1022kg	5.78kg	29kg
调整后的混凝土配合比	295kg	54kg	67kg	164kg	725kg	1044kg	5.30kg	25kg

生产使用的原材料与配合比设计一致，主要指原材料的厂家、产地、品种、规格、强度等级等指标应相同。施工、监理驻场人员要掌握各类原材料变化的情况。混凝土配合比必须经过施工项目所在地建设工程质量检测中心验证，经验证合格后方可使用，严禁私自更改配合比或配合比未经验证即投入使用。

（2）混凝土性能评价

重点评价不同配合比参数对隧道混凝土工作性能和抗渗性能影响，如图 5-2-3 所示。具体而言，以供应商或者设计要求的基准配合比为参考，重点考虑如下影响因素

图 5-2-3 评价混凝土工作性能和抗渗性能

对力学性能、工作性能和抗渗性的影响：

1）结合供应商原材料，试验研究不同水胶比对力学性能（不同龄期抗压强度）、工作性能（坍落度）和抗渗性的影响。

2）结合供应商原材料，试验研究不同砂率对力学性能（不同龄期抗压强度）、工作性能（坍落度）和抗渗性的影响。

3）结合供应商原材料，试验研究不同胶凝材料用量力学性能（不同龄期抗压强度）、工作性能（坍落度）、抗渗性和水化热的影响。

4）结合供应商原材料，试验研究矿物掺合料力学性能（不同龄期抗压强度）、工作性能（坍落度）、抗渗性和水化热的影响。

5）基于试验结果，提出本工程混凝土配合比优化设计方法和验证试验，并提出满足力学和抗渗性能等的优化配合比，供施工现场使用。混凝土抗渗性能优化结果微观示意图如图 5-2-4 所示。

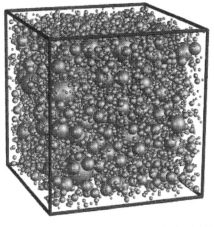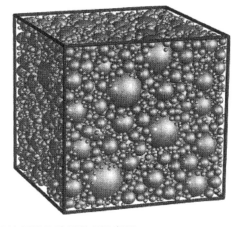

图 5-2-4 混凝土抗渗性能优化结果微观示意图

5.3 研究成果及工程应用

5.3.1 防渗防裂施工控制技术

（1）施工段落划分

混凝土在浇筑后的5～10d，其性能尚不稳定，也没有彻底凝结硬化，容易将内应力释放。跳仓法充分利用这一特性，将大面积混凝土平面划分成若干个仓块，按照"分块规划、隔块施工、分块浇筑、整体成型"的原则施工，隔一段浇筑一段。按相关规范要求，其相邻两段间隔时间不少于7d，让混凝土浇筑体自由收缩。混凝土开裂是综合性问题，与设计、施工、材料、环境及管理等很多方面有关。从跳仓法的基本概念可以看出：跳仓法同时注意"抗"与"放"两方面，"抗""放"结合，防止混凝土裂缝的产生。

（2）混凝土生产质量保障

建设单位针对混凝土质量管控，于2018年下发了《×××商品混凝土管理办法（试行）》文件，从商品混凝土生产厂家的选择、原材料的质量控制、配合比的审批，到混凝土生产过程控制，制定了详细要求。对混凝土质量标准有高要求，同时，要求统一使用混凝土质量管控系统，形成数据网控制，加强对混凝土质量控制。

（3）抗裂防渗工况分析

针对城市地下工程隧道混凝土结构而言，造成渗水的主要原因是混凝土开裂（主要集中在侧墙、倒角部位），以及施工缝、变形缝等的防水措施处理不当。一旦隧道混凝土结构出现裂缝，特别是贯穿裂缝，为水提供了便捷的传输通道，渗透性随着裂缝的产生和发展而急剧增加，部分工程甚至出现"见缝必漏、无缝不漏"的现象。

在施工过程中，受工序交叉影响，受外界环境条件制约，以及混凝土在春秋季、夏季、冬季三个典型的施工时间段影响，混凝土的各项指标产生不稳定因素。水泥放热速率快，混凝土温度升高，降温快。夏季施工时，混凝土搅拌站难以严格控制混凝土入模温度，施工过程存在先浇部分硬化混凝土对后浇部分约束显著，开裂问题依然严峻。

因此，在施工期间，提高结构混凝土的抗裂性，精心施工好细部构造防水，控制结构混凝土裂缝，提升结构刚性自防水，与此同时，刚柔相济，做好接缝防水，是解决隧道结构的渗漏问题，是提升工程质量的关键。

（4）混凝土施工关键技术控制

针对混凝土开裂的主要原因，施工过程中主要针对基面清理、防水卷材铺设及防水涂料控制、接缝处理采取重点措施进行控制：

1）基面清理控制

① 垫层施工过程中要求必须保证表面磨光平整，无凹凸起伏，垫层振捣必须采用板式振动器，不允许使用振动棒振捣。

② 地连墙及工法桩表面必须清理干净，开挖时必须有专人采用扁铲将地连墙及工法桩表面附土铲掉，并用高压水冲洗干净，地连墙局及其他围护结构局部凹凸部位采用 1:25 的水泥砂浆抹平处理，工法桩部位采用泡沫板垫平整，要求卷材铺设前表面平顺、平整。

2）防水卷材铺设及防水涂料控制

① 铺设前采用墨线定位每一块防水卷材位置，铺设后每幅卷材边必须笔直，同时面向垫层及围护结构面卷材隔离膜必须撕去，保证卷材与垫层及地连墙面紧密粘贴，无空隙。

② 防水层采用水泥钉固定于地连墙表面，固定点距卷材边缘 2cm，横向钉距不大于 10cm，固定钉钉长不得小于 3cm，且配合垫片将防水层牢固固定在地连墙表面，垫片直径不小于 2cm，避免浇筑混凝土时脱落（浇筑混凝土前，防水卷材面不允许有钉头，若有钉头需采用距钉头不小于 10cm 的方形或圆形补丁进行补强）。

③ 相邻两幅卷材的有效搭接宽度为 10cm（不包括钉孔），同时需将钉孔位置覆盖住。搭接时搭接缝范围内的隔离膜必须撕去，并压实，卷材搭接位置不允许存在空隙。

④ 所有阴阳角均采用 1:2.5 的水泥砂浆做成 5cm×5cm 的钝角。并做防水卷材加强层，宽度为 500mm。要求：所有阴阳角处卷材必须紧贴，不允许存在空隙，尤其是多面阴阳角汇集部位，必须保证紧贴。防止背后有空隙，形成渗水通道。

⑤ 防水涂料涂膜施工，先在阴、阳角和施工缝等特殊部位涂刷防水涂膜加强层，加强层厚 1mm。涂刷完加强层后，立即粘贴 30～40g/m² 的聚酯布增强层，严禁加强层表干后再粘贴增强层材料。在加强层实干后，开始涂刷大面防水层，防水层采用多道（一般 3～5 道）涂刷，上下两道涂层涂刷方向应互相垂直。当涂膜表面完全固化（不粘手）后，才可进行下道涂膜施工。防水层施工完毕，并经过验收合格后，及时施做防水层的保护层，平面保护层采用 7cm 厚 C20 细石混凝土，在浇筑细石混凝土前，需在防水层上覆盖一层 200g/m² 无纺布隔离层。立面防水层采用厚度不小于 10mm 的聚

乙烯泡沫塑料进行保护（发泡倍率不超过 25 倍），阴阳角施工构造图如图 5-3-1 所示。

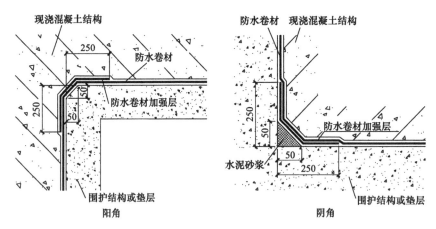

图 5-3-1　阴阳角施工构造图

（5）接缝处理控制

1）施工缝

墙体水平施工缝留设在高出底板表面不小于 300mm 的墙体上。拱、板与墙结合的

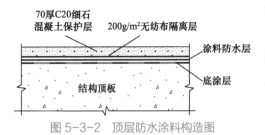

图 5-3-2　顶层防水涂料构造图

水平施工缝，留在拱、板和墙交接处以下 150～300mm 处。垂直施工缝应避开地下水和裂隙水较多的地段，并宜与变形缝相结合。顶层防水涂料构造图如图 5-3-2 所示。

自粘丁基橡胶钢板止水带采用专门钢筋夹固定，止水带应定位准确，固定牢固。模板封口板应固定牢固，避免胀模影响止水带的定位精度。振捣施工缝部位的混凝土时，应注意振动棒不得接触止水带。止水带的保护膜应分为两部分。在先施工的一侧混凝土浇筑前，只将该范围内的保护膜撕掉，保留另一侧的止水带保护膜，待后施工的一侧混凝土浇筑前再撕掉。

施工缝在浇筑混凝土前，首先，将其表面浮浆和杂物清除；然后，涂刷水泥基渗透结晶型防水涂料，再布设 20mm×10mm 纵向施工缝钢板止水带（图 5-3-3），并及时浇筑混凝土。

采用专用注胶器挤出，遇水膨胀止水胶，将其粘

图 5-3-3　纵向施工缝钢板止水带

结在施工缝表面，做到连续、均匀、饱满、无气泡和孔洞，挤出宽度及厚度应符合设计要求。止水胶挤出成形后，固化期内应采取临时保护措施。

预埋式注浆管应设置在施工缝断面中部，注浆管与施工缝基面应密贴并固定牢靠，固定间距宜为 200～300mm。

2）变形缝

变形缝处采用三道防水防线：顶板、侧墙和底板中间均设置中埋式钢边橡胶止水带。暗埋段背水面设置内装可卸式欧米伽止水带，并兜绕成环。敞开段在迎水面底板和侧墙采用外贴式橡胶止水带，预留嵌缝槽，并用高模量聚氨酯密封胶嵌填。

中埋式止水带搭接采用热熔焊接，保证止水带形成整体，埋设位置应准确，止水带在转角处应做成圆弧形。顶板、底板内止水带应安装成向上 15°～20° 的盆状，并采用专用钢筋套或扁钢固定，防止止水带下面存有气泡，止水带如图 5-3-4～图 5-3-6 所示。

图 5-3-4 底板横向中埋式钢边止水带及背贴式止水带

图 5-3-5 侧墙竖向中埋式钢边止水带 　　图 5-3-6 顶板横向中埋式钢边止水带焊接

5.3.2　高性能双光栅监测系统及结构分析

（1）高性能双光栅温度—应变式传感器

光纤布拉格光栅（简称 **FBG**）作为一种新型的监测元件，具有精度高、抗干扰能力强和实时监测等优点。在混凝土结构中，难以避免出现裂缝，因此大型土木工程的裂缝监测必不可少。在施工现场大体积混凝土结构中埋入 **FBG** 传感器，可以监测大体积混凝土浇筑早期的变形和温度变化情况。与常规的检测方法比较，光纤监测结果稳定、精度高，能够持续实时地监测混凝土结构的中长期性能。在本次隧道混凝土监测过程中，采用高性能双光栅温度—应变式传感器，可实时测定混凝土内部同一位置的温度以及应变。高性能双光栅温度—应变式传感器见图 5-3-7，该传感器克服了传统方法在低温度下温度、应变监测不灵敏，以及监测数据不连续的缺陷，其主要技术指标见表 5-3-1。

图 5-3-7　高性能双光栅温度—应变式传感器

高性能双光栅温度—应变式传感器主要技术指标　　　　　　　　表 5-3-1

参数	单位	数值
中心波长	nm	1510～1590
应变测量范围	με	+/−1000
精度	—	1‰
标距	mm	125
温度系数	με	<1
工作温度范围	℃	−10～90
直径	mm	27
连接头	—	FC/APC 或熔接
尾纤	—	铠装光缆

1）传感器工作原理

高性能双光栅温度—应变式传感器利用布里渊光时域技术工作，光信号在光纤中传播时，会产生布里渊背向散射光，其频移随光纤温度、应变的变化而变化，从而监控温度和应变。高性能双光栅温度—应变式传感器的工作原理如图 5-3-8 所示。探测脉冲在光纤上传输时，会产生布里渊背向散射光，由监控系统接收到布里渊背向散射光，并通过布里渊背向散射光的频移计算其温度和应变。利用布里渊时域技术，将探测脉冲注入光纤一端，即可实现布里渊频移的测量。

2）传感器温度补偿原理

高性能双光栅温度—应变式传感器是一种双金属管结构，外管是由 45 号钢制作而成，

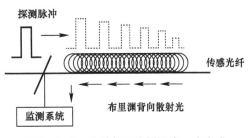

厚度较薄，热膨胀系数较小。内管是由铜制作而成，厚度较厚，热膨胀系数较大。通过螺纹结构将内外管连接，结构如图 5-3-9 所示。首先，光纤光栅的末端与光纤相连；其次，粘附在两个有孔的内筒上，再由外荷载通过挂钩向外管传递作用力；最后，由外管通过螺纹结构向内管传递作用力。在增加

图 5-3-8 高性能双光栅温度—应变式传感器工作原理

外荷载的情况下，光纤光栅将会产生轴向应变。随着荷载的降低，光纤光栅将会产生轴向压应变，而光纤光栅的波长将会出现偏移，依据波长的偏移量即可计算得到应变值。

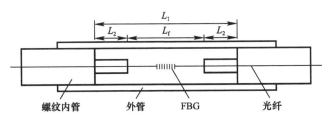

图 5-3-9 光纤光栅传感器结构图

随着外部温度的上升，外管在轴向方向向外扩张，而带有孔的内管的自由端则在轴向方向向内扩张，内管的热膨胀系数较大，内外管之间的相互作用使得光纤光栅在温度上升时发生轴向收缩，这会造成光栅的波长发生偏移，该偏移可消除因热膨胀和热光效应所造成的波长偏移，降低了温度变化对光栅波长的影响。温度补偿原理如图 5-3-10 所示。

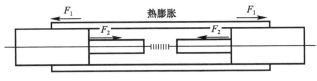

图 5-3-10 温度补偿原理图

（2）隧道混凝土温度、应变现场监测

1）监测方案测点布置

基于对现场裂缝调研结果的总结，制定如图 5-3-11 所示的测点布置方案。

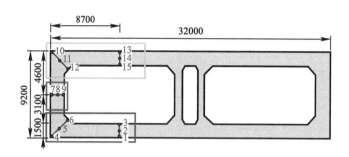

图 5-3-11 监测方案测点布置图

根据隧道结构及其所在位置，考虑隧道剖面的对称性，隧道混凝土墙板的监测关键点主要为顶板、底板、顶板与侧边墙体的转角处、底板与侧边墙体的转角处以及侧边墙体，故在该剖面上设置 5 个测位，每个测位设 3 个测点，每个监测点各设 1 支温度—应变传感器，其中，底板测点 3、2、1 距离上表面 100mm、750mm、1400mm，侧墙测点 7、8、9 距离左表面 100mm、700mm、1300mm，顶板测点 13、14、15 距离上表面 100mm、700mm、1300mm。并隔一定时间测量环境温度，做好记录。

2）隧道混凝土温度、应变现场监测

为了实时掌握混凝土在浇筑养护过程中温度及应变的变化趋势，采用无线通信技术，建立数据采集系统，如图 5-3-12 所示。

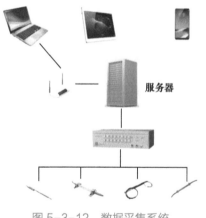

图 5-3-12 数据采集系统

根据监测方案，在底板、侧墙、顶板混凝土每一个部位取三个监测点。首先，将每个部位的三个传感器用一条线路连接，方便后续的监测工作。其次，传感器完成连接后，将其固定在拟监测位置，注意保护传感器以及线路的布置。最后，在传感器布置完成之后，连接解调仪，测试线路是否通畅。

（3）隧道混凝土温度、应变随时间变化规律

1）底板、侧墙及顶板测点温度随时间变化规律

从图 5-3-13 可以看出，在混凝土浇筑完成后 2～3d，混凝土温度急剧上升，在这个阶段，水泥发生剧烈的水化反应，放出大量的热量，积聚在混凝土内部。随着水化反应的减弱，产生热量的速度逐渐小于热量散失的速度，混凝土温度开始缓慢下降。同一测位底板混凝土底部和中部温度明显高于上部温度，且混凝土底部与垫层相接触，

垫层有一定的保温作用,底部混凝土温度下降速度最为缓慢。顶板混凝土上下表面温度峰值相近,在 220h 之前,温度下降趋势也基本保持一致,在 220h 之后,混凝土上表面温度起伏明显,并且出现了温度上升的现象,主要是因为该段隧道是在夏季施工,环境温度较高,且混凝土上表面容易受到环境温度的影响,当混凝土温度低于环境温度,受环境温度影响,出现温度上升现象。

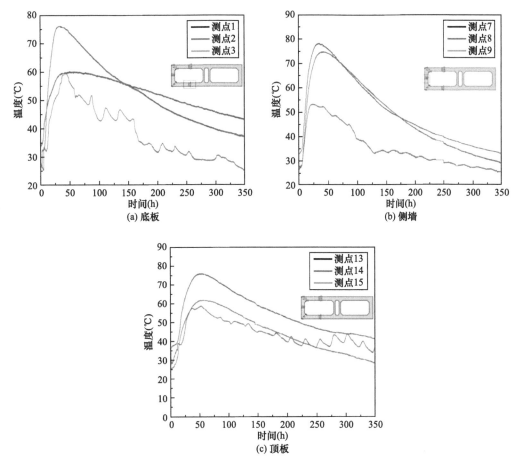

图 5-3-13 底板、侧墙及顶板测点温度时程曲线

2)底板、侧墙及顶板测点应变随时间变化规律

从图 5-3-14 可以看出,底板中心测点位置在开始浇筑混凝土后,出现拉应变,随着混凝土浇筑的完成,混凝土内部不断释放水化热,拉应变不断增大。随着混凝土温度的下降,拉应变也开始减小,在监测时间为 350h 时,底板中心以及下面测点应变基本减为 0,混凝土上表面由拉应变转变为压应变。中心与下表面混凝土的应变下降趋势基本一致,上表面混凝土应变下降速度更快,并且受到环境温度的影响,应变变化曲

线存在较明显的起伏。侧墙在整个监测过程中始终处于受拉状态，应变始终大于 0，侧墙中心以及内外表面应变变化趋势基本一致，在 37h 左右达到峰值，与底板相比，侧墙应变要大于底板应变。与底板以及侧墙相比，顶板应变最大值出现的时间较晚，其中，顶板中心部位应变最大值出现的时间为混凝土浇筑后 90h，而上表面混凝土应变最大值出现的时间更晚，顶板混凝土应变与底板混凝土应变以及侧墙混凝土应变发展规律存在较大差异，主要是因为顶板混凝土使用脚手架进行支撑，下表面采用木模板进行养护，边界条件存在较大差异。

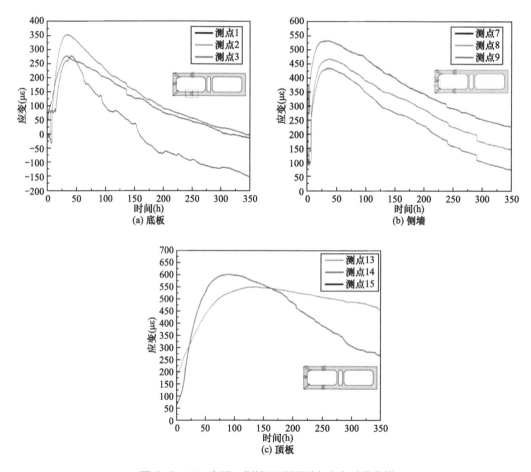

图 5-3-14 底板、侧墙及顶板测点应变时程曲线

（4）隧道混凝土温度、应变随时间变化阶段

依据现场监测数据，混凝土温度随时间的变化可以分为初始阶段、快速升温阶段、缓慢降温阶段、趋于稳定阶段。如图 5-3-15 所示，从混凝土浇筑完成到时间 t_1 为初始阶段，混凝土刚刚浇筑完成，水化热反应不稳定；时间 $t_1 \sim t_2$ 为温度迅速增加阶段，

随着水化热的持续进行，热量不断积聚，温度迅速升高；时间 $t_2 \sim t_3$ 为温度缓慢减小阶段，水化反应减弱，放出的热量逐渐小于混凝土的散热量；在时间 t_3 以后，积聚在混凝土内部的热量逐渐散去，温度趋于稳定。应变的变化趋势与温度变化趋势类似，应变峰值出现的时间稍微滞后于温度。

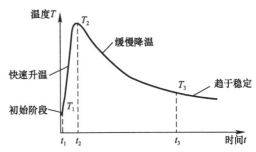

图 5-3-15　混凝土随温度随时间的变化

（5）隧道混凝土温度、应变空间分布规律

1）底板、侧墙及顶板混凝土温度沿厚度方向变化特性

不同部位混凝土温度沿厚度方向分布图见图 5-3-16。从图中可以看出，测点任意时刻（24h、48h、96h、144h），中心测点温度最高，并从中心向上表面以及下表面逐

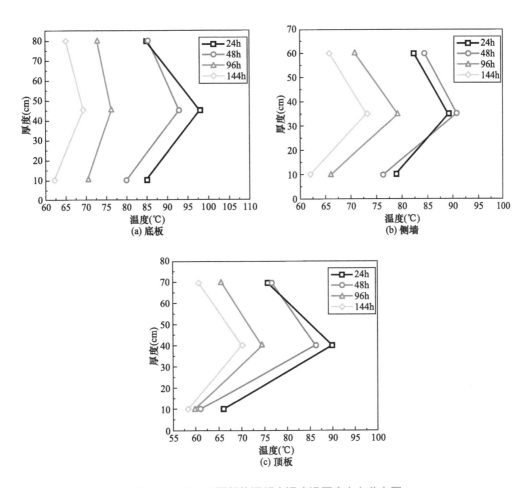

图 5-3-16　不同部位混凝土温度沿厚度方向分布图

渐减小。这是因为混凝土中心水化反应剧烈，放热量大，且混凝土结构厚度较大，产生的热量不能及时消散，积聚在混凝土内部。同一时刻，混凝土内表面温度要高于混凝土外表面温度，这是因为混凝土外表面与外界环境直接接触，热量更容易散失，温升值更小，最高温度更小，在降温阶段，温度下降更快。

表 5-3-2～表 5-3-4 为底板、侧墙以及顶板混凝土在厚度方向不同时刻温度值。可以看出，在 24h、48h、96h 以及 144h，底板混凝土温度最大值出现在混凝土浇筑完成后 24h，此刻，混凝土内外温差也是最大的，为 13.5℃。侧墙混凝土温度最大值出现在混凝土浇筑完成后 48h，与底板以及顶板相比，时间有所推迟。顶板混凝土内外温差的最大值为 25.4℃，超过了 25℃，混凝土将会开裂。

底板混凝土沿厚度方向不同时刻温度值　　　　表 5-3-2

时间（h）	底板上表面（℃）	底板中心（℃）	底板下表面（℃）	最大温差（℃）
24	84.7	98.2	84.7	13.5
48	79.8	92.7	85.1	12.9
96	70.3	76.1	76.1	5.8
144	62.1	69.2	64.9	7.1

侧墙混凝土沿厚度方向不同时刻温度值　　　　表 5-3-3

时间（h）	侧墙上表面（℃）	侧墙中心（℃）	侧墙下表面（℃）	最大温差（℃）
24	78.8	89.1	82.3	10.3
48	76.2	90.8	84.3	14.6
96	65.9	79.2	70.8	13.3
144	61.9	73.1	65.7	11.2

顶板混凝土沿厚度方向不同时刻温度值　　　　表 5-3-4

时间（h）	顶板上表面（℃）	顶板中心（℃）	顶板下表面（℃）	最大温差（℃）
24	66.0	90.0	75.8	24
48	61.0	86.4	76.3	25.4
96	59.8	74.6	65.7	14.8
144	58.3	70.2	60.6	11.9

2）底板、侧墙及顶板混凝土应变沿厚度方向变化特性

不同部位混凝土应变沿厚度方向分布图见图 5-3-17。可以看出，任意测点、任意时刻，中心测点的应变最大，从中心向外表面以及内表面应变逐渐减小，与不同部位

混凝土温度沿厚度方向的分布规律是一致的。这是因为在温度高的时候，根据热胀冷缩的特性，混凝土膨胀的程度更大，拉应变更大。

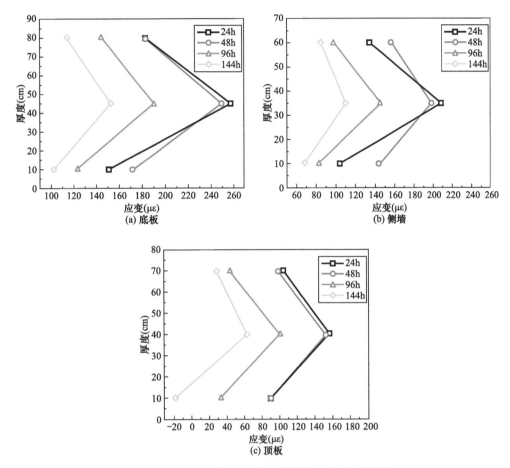

图 5-3-17　不同部位混凝土应变沿厚度方向分布图

表 5-3-5～表 5-3-7 为底板、侧墙、顶板混凝土沿厚度方向不同时刻应变值。底板混凝土的最大应变差为 107.2με，侧墙混凝土的最大应变差为 104.4με，顶板混凝土的最大应变差为 81.2με。应变差越大，表明混凝土的不均匀变形越明显，当变形值超过了混凝土的变形能力，混凝土会开裂。与底板混凝土以及侧墙混凝土不同，顶板混凝土的最大应变差出现在混凝土浇筑完成后 144h，在这个时刻，混凝土由于凝结硬化，开始收缩，受到外约束的限制作用，部分混凝土不能自由变形，应变差值增大。

底板混凝土沿厚度方向不同时刻应变值　　　　　　　　　表 5-3-5

时间（h）	底板上表面（με）	底板中心（με）	底板下表面（με）	最大应变差（με）
24	150.6	257.8	182.3	107.2

续表

时间（h）	底板上表面（με）	底板中心（με）	底板下表面（με）	最大应变差（με）
48	170.6	250.1	182.9	79.5
96	122.7	190.7	144.4	68.0
144	102.1	153.2	113.6	51.1

侧墙混凝土沿厚度方向不同时刻应变值　　　　表 5-3-6

时间（h）	侧墙上表面（με）	侧墙中心（με）	侧墙下表面（με）	最大应变差（με）
24	103.4	207.8	134.2	104.4
48	142.4	198.1	155.3	55.6
96	81.8	144.7	97.6	62.9
144	67.7	110.6	84.5	42.9

顶板混凝土沿厚度方向不同时刻应变值　　　　表 5-3-7

时间（h）	顶板上表面（με）	顶板中心（με）	顶板下表面（με）	最大应变差（με）
24	89.7	155.4	103.4	65.7
48	90.6	151.5	97.9	60.9
96	33.1	99.8	43.6	66.7
144	−18.3	62.9	27.8	81.2

5.3.3　施工控制要点

（1）入模温度和拆模时间

尽量选取温差较小的时间进行混凝土浇筑，即夏季施工混凝土拌合物入模温度不应高于 30℃，且应不高于气温 5℃。当日气温超过 30℃时，宜选择夜间浇筑混凝土，并适当在混凝土加冰水降温，或采用在侧墙混凝土中设置冷却水管降温（当入模温度不超过 28℃时，可不设置冷却水管）。冬期施工混凝土拌合物入模温度不应低于 5℃，混凝土内部温度和外部温度差不得大于 25℃。

混凝土的降温速率不宜超过 3℃/d。当周围大气温度低于养护中混凝土表面温度 20℃，或气温降低速率超过 3℃/h，需要采用保温养护，每隔 2h 量测一次温度，根据量测的温度指导养护和拆模。当气温低于 0℃时，要及时对新浇筑混凝土表面采取保温加热措施，使混凝土不受冻害，从而防止温度裂缝的产生。

拆模时间控制：拆模时间根据实体结构混凝土温度历程监测结果确定，在墙体芯部混凝土温度达到温峰后 24h 以内，一般为混凝土浇筑成形开始 2d 左右。此时，侧模混凝土强度可达到 7MPa 以上，满足拆模时强度要求，其表面及棱角不易因拆模而受损。

由于隧道主体结构裂缝产生，通常在侧墙部位引起渗漏，施工单位进行了相关数据监测分析，在侧墙上、中、下部位埋设监测元件进行监测。侧墙温度监测曲线如图 5-3-18 所示，侧墙变形监测曲线如图 5-3-19 所示。

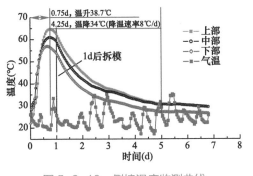

| 图 5-3-18 侧墙温度监测曲线 | 图 5-3-19 侧墙变形监测曲线 |

从图 5-3-18 可以看出，实际测得的侧墙上部温升最高，在 0.75d 达到最高温度 64.7℃，最大温升为 38.7℃；中部在 0.75d 达到最高温度 60.9℃；下部在 0.65d 达到最高温度 56.9℃。

从图 5-3-19 可以看出，侧墙上部与中部变形相差不大，下部变形较小。变形曲线与温度曲线基本相符，经过计算结果显示侧墙在 2d 变形值最大，开裂风险达到最大，之后变形值逐渐减小并趋于平稳。

现场施工选取 1d、3d 和 7d 的时间段拆模，进行试验，分析不同时间拆模对侧墙结构部位混凝土内部温度及湿度的影响规律，由于钢模板与混凝土的膨胀系数接近，最终确定侧墙采用钢模板的最佳拆模时间不少于 3d。

（2）混凝土养护

拆模时，可先松开侧墙钢模板，降低混凝土表面温度，缩小混凝土表面与外界环境的温差，控制内外温差≤20℃。拆模后，采用薄膜＋篷布覆盖的方式进行保温、保湿养护，时间不少于 14d。

根据相关试验参数及施工经验，确定底板、顶板采用土工布覆盖，洒水养生的措施。侧墙作为养生的难点部位，施工现场采用薄膜覆盖加喷淋的综合养生模式。根据之前所做的相关试验，拆模时可先松开侧墙钢模板，从墙体顶端淋水进行湿养护，水温与混凝土表面温度差不得大于 15℃。利用延长拆模时间进行保温、保湿。拆模后，采用薄膜覆盖加喷淋的方式进行保温、保湿，养生时间不少于 14d。冬季日均气温低于 5℃时，采用薄膜覆盖的养护方式。提高混凝土的抗渗性，增强混凝土的强度，抑制碱—集料反应，进而控制混凝土后期的收缩和膨胀裂缝，如图 5-3-20、图 5-3-21 所示。

图 5-3-20　底板采用土工布覆盖洒水养生

图 5-3-21　顶板采用塑料薄膜覆盖养生

（3）冷却水管工艺

炎热气候时，控制混凝土入模温度不超过 32℃，还应进一步在开裂风险最为突出的侧墙及折板混凝土中设置冷却水管，当混凝土入模温度不超过 28℃时，可不设置冷却水管。

冷却水管工艺如下：

1）采用管径不小于 40mm、壁厚 2～3mm 的铁管。

2）墙及折板结构厚度方向设置 1～2 层冷却水管，水管间距及回路布置方式根据不同部位的结构尺寸及抗裂性评估结果最终确定。

3）管路进行单独编号，设置独立的开关、流量计，以便开关冷却水、调整流量。通水过程中控制水温与混凝土温度差不大于 25℃。

4）混凝土升温阶段，尽快减少热量，削减温度峰值，因此，控制升温阶段冷却水流量宜不低于 1m/s。在降温阶段，通过降低冷却水进水流量直至关闭控制混凝土降温速率，使混凝土内部缓慢、匀速降温。冷却水流量宜不超过 0.5m/s，具体流量应根据混凝土降温速率控制（注意防止温度回升）。根据实际监测结果，总结形成相关工艺参数，在二次监测验证反馈的基础上，形成最终冷却水管技术工艺，用于后续施工。

5）应用铁丝将冷却水管与钢筋绑扎牢固，防止受其他因素影响导致钢筋移位。浇筑混凝土时，应采取合理的布料方式，下料口应避开冷水水管上方位置。

（4）下穿、叠交施工方法

下穿隧道多采用明挖顺筑法施工，分段、分层开挖。明挖基坑围护结构采用"地连墙+内支撑"的施工方式。

1）施工流程

基坑围护结构采用"地连墙+内支撑施工方式"，明挖顺筑法分段、分层施工，内支撑随开挖，随施工。基坑围护结构施工步骤见表5-3-8。

基坑围护结构施工步骤   表5-3-8

序号	施工步骤和内容	备注
1	施工准备	三通一平，地下管线改迁以及房屋拆迁
2	地层注浆加固	—
3	隔离保护桩	钻孔灌注桩，基坑两侧按照对称、单侧跳孔的原则施工
4	地连墙	基坑两侧按照对称、单侧跳孔的原则施工
5	基坑外截水沟、集水井	基坑内排水明沟、集水井，随基坑向下开挖
6	基坑内土方开挖和支持安装	钢筋混凝土腰梁及支撑施工，随开挖，随支撑。挖土与支撑施工交替进行，直至坑底标高
7	坑底垫层和隧道底板浇筑	—
8	从下至上浇筑隧道侧墙、顶板	过程中按设计要求设计倒撑，拆除支撑
9	顶板防水层和混凝土保护层	—
10	分层回填土至地面	—

2）地层注浆加固

注浆施工必须先进行工艺性试验，确定注浆压力、注浆时间、注浆量，坚持先试后作的原则，以便调整注浆参数。

3）基坑开挖

基坑开挖施工严格遵守"时空效应"理论，按照"竖向分层，水平分段，先撑后挖，限时开挖"的原则，严格控制基坑变形，保证基坑稳定。单个施工区段开挖至一端，向另一端开挖出土，采用纵向分段、分层、对称接力开挖，开挖见底后24h内施工垫层。

6 长大尺度明挖隧道施工信息化管理技术

深基坑工程的施工是动态过程。除了支护结构体施工外，基坑内的岩土一般也要被分段、分层、分区开挖。在整体施工过程中，支撑结构的变形和应力持续增加，岩土体的变形和基坑底隆起逐渐增大，同时，作用在支撑结构体上的水平侧应力也在不断变化。所以，只有对各个监测点进行数据处理与分析，才能预测最终的位移变化规律，判定基坑的稳定性。

隧道施工信息化管理可充分发挥计算机的信息分析、数据整合能力，显著提高施工管理效率。与一般可视化技术相比，BIM 作为针对建筑工程而发展的可视化信息模型，具有信息集成化、建模参数化、信息标准化等独特标准。BIM 技术不仅可呈现可视化三维模型，还可以携带丰富的数据信息，实现基于组件的结构化操作和维护数据存储，将构件信息、灾害信息、成本信息集成在一起，为智能化建设明挖隧道提供科学的决策依据。

6.1 隧道建设智能化信息管理平台

针对深基坑安全监测具有项目多、频率高、数据量大等特点，搭建基于 BIM 技术的明挖隧道建设智能化信息管理平台，实现对新建基坑及周边环境监测数据的采集、传输和处理，进行基坑开挖变形历程与时程位移曲线三维空间的分析，并结合报警阈值，实时快速发布风险报警信息，方便各级管理人员、技术人员形象直观、快速有效地判断深基坑及周边环境的安全状态，提高工程监测的管理水平与效率，提升监测技术含量。

6.1.1 隧道建设数字化管理平台架构

基于 BIM 技术的隧道建设数字化管理平台的运行需要各个模块、不同维度的支持。本平台的系统架构依次为数据对接模块、可视化模块、信息管理模块，隧道建设数字化信息管理平台系统架构图如图6-1-1所示。

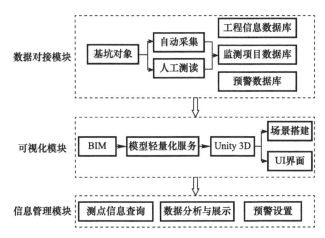

图6-1-1 隧道建设数字化信息管理平台系统架构图

（1）数据对接模块

在数据采集过程中，由于数据量庞大、数据类型复杂，如果存在数据重复、数据缺失等问题，无法及时发现与解决。借助BIM技术可以大大提高数据的精度，加快数据处理的效率，实现数据与平台之间的有效衔接，满足平台运维期间对于数据信息表达的要求。

根据项目数据来源，分别建立工程信息数据库、监测项目数据库、预警数据库。将BIM数据与三个数据库建立连接，并接入隧道建设数字化信息管理平台，实现数据兼容与信息共享，去除信息孤岛，达成统一的数据信息服务。

（2）可视化模块

大数据、物联网与数字化等技术的飞速发展极大地扩充了数据量，使得用户无法准确、快速地从繁杂数据中提取有效信息，而传统的图纸表格所能传达的内容有限，不能满足对数据处理的高标准、高要求。模型可视化则可以在统一数据的基础上进行数据简化，既满足了数据的量，又提升了数据的质，使得复杂问题简单化，从而增强用户体验感。

其中，模型轻量化服务可以打通BIM建模软件和后期开发引擎之间的隔墙，协助大体量BIM的流畅运行。Unity 3D图形显示技术可以作为丰富的交互操作接口，为模型、数据、图表的共存提供基础。

（3）信息管理模块

数据信息管理是在可视化和数据对接的基础上，对数据进行进一步管理。其中，数据信息结构化可以提取模型属性数据、监测信息结构数据，并进行结构化存储，方便后期模型数据的查询、统计。

信息数据主要包括：工程信息数据、监测项目数据、预警数据、BIM 数据、平台运维数据，平台运维数据又包括用户信息数据、操作日志数据、项目成果数据。利用 BIM 技术将以上数据集中化管理，只需点击平台菜单栏按钮即可跳转到相应的功能页面，得到所需的数据信息，有助于用户进行数据搜索、查看与调用。

6.1.2　协同管理机制

长大尺度明挖隧道施工信息化管理涉及众多参与方、众多专业的协同配合，但由于各参建方在专业知识、工程经验等不同程度的差别，在进行项目管理时往往会从己方视角考虑问题，寻求自身最大收益，从而造成目标管理和最终结果产生分歧。因此，在隧道施工管理过程中，参建方之间往往存在不同程度的利益矛盾，如果处理不好，将对整个工程项目产生负面影响。而且在传统管理模式下，各参建方之间沟通交流方式有限，缺乏交互环节，脱离具体的管理流程，容易产生误解或忽略关键信息等，不利于隧道建设全生命周期管理的实施。

（1）协同机制

隧道建设全生命周期管理是一个多主体参与的过程，各参建单位之间以合约形成联系，并对其进行了职责和义务的分配，并且他们的利益要求也不相同，从而造成了不同的利益矛盾。为了确保工程项目的顺利实施，需要在各参建方之间构建一种行之有效的沟通模式和协作模式，从而达到多主体之间的协同。

为加强隧道建设管理及全生命周期内各参建方之间的协同，提高沟通效率、改善沟通效果，并对沟通交流行为展开规范化和标准化管理，春申湖项目提出了基于 BIM 的隧道建设多主体协同机制，设计了多主体 BIM 协同引擎，可以有效地支持各参建单位以 BIM 建模为基础的线上协同工作，可以有效地解决各主体单位的差异性，实现各方利益关系的均衡，减少变更、返工等问题。

作为一种先进的管理模式，协同管理使空间上处于分散的所有参建方能够同步参与管理工作，共同达成管理目标。但是，由于缺乏有效的技术支持，隧道建设数字化协同管理发展相当缓慢。BIM 技术作为新兴的信息技术，为协同管理提供了系统性技术支撑。利用 BIM 技术，将原本分别进行的工作在时间和空间上交叉、重叠，可实现管理流程的改进，有效地提升管理效率和管理质量，缩短项目建设周期。目前，基于 BIM 的隧道建设数字化管理还处于起步阶段，与之配套的技术还不够完善，同时也没有形成一套行之有效的 BIM 协同管理机制。

因此，需要深入研究基于 BIM 的协同管理方法及支撑技术。春申湖项目以长大尺度明挖隧道施工信息化管理为主要目标，将传统施工项目协同管理方法与 BIM 技术有机结合，构建基于 BIM 隧道建设数字化协同管理体系，主要有以下三点工作：① 根据隧道建设协同管理需求，建立基于 BIM 的隧道建设协同管理概念模型；② 对隧道建设智能化信息管理平台的参数化建模进行研究，建立基于 BIM 的隧道建设参数化构件库管理系统；③ 以工作流为基础，构建关于 BIM 协同管理隧道建设的工作机制，分为专业内协同管理工作流程和专业间协同管理工作流程。在此基础上，形成基于 BIM 的隧道建设协同管理方法，提高管理质量和管理效率。利用 BIM 技术，针对在管理中的专业内协同、专业间协同和多主体协同进行优化升级，有效地解决管理冲突，并将沟通效果提高，推动各方协同工作。通过建立协同机制，实现了各地（点）、各利益相关者之间有效的联系与交流，满足了各参与方对工程项目的共同管理需求。

传统隧道建设管理模式下，由于施工过程中各工序之间的"脱节"，致使项目后期出现大量矛盾，从而造成了施工过程延误、施工成本增加等一系列问题。在 BIM 协同管理隧道建设过程中，BIM 是一切管理程序的媒介，各管理人员可以对 BIM 进行完全共享，以平行工作模式提前完成各项管理工作，实现运维工作流与信息流的统一。BIM 协同管理以信息共享和协同决策为基础，能较好地处理不同环节之间的过渡，解决管理过程中的协同问题，达到降低施工变更、提升管理质量的目的。

（2）工程应用

手机端协作流程示意图如图 6-1-2 所示，管理人员可以直接利用手机将现场发现的质量问题、安全问题上传至平台，并推送给相应负责人，督促其整改反馈，提高沟通效率。

如图 6-1-3 所示，工程项目部建设了智慧工程监控展示中心，将现场安全风险和环保风险进行可视化、智能化管理。

同时，该项目还利用 Unity 3D 将倾斜摄影实景模型与工程模型组合集成，通过编辑相应功能模块，设计制作电子沙盘，真实展示项目建设与周边环境之间的联系。电子沙盘系统全界面图如图 6-1-4 所示。

通过电子沙盘系统将模型数据轻量化，使得电子沙盘就像三维游戏一样，能在计算机和手机上自由操作、查看浏览，便于项目人员随时随地对项目进行管控，实现明挖隧道建设数字化信息管理。电子沙盘计算机端界面示意图、电子沙盘手机端界面示意图如图 6-1-5、图 6-1-6 所示。

图 6-1-2　手机端协作流程示意图

图 6-1-3　智慧工程监控展示中心全景图

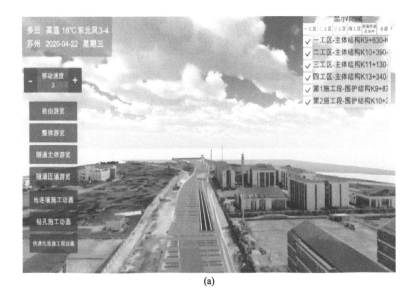

(a)

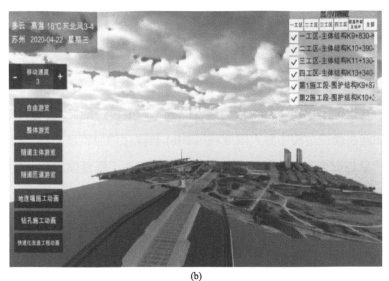

(b)

图 6-1-4　电子沙盘系统全界面图

图 6-1-5　电子沙盘计算机端界面示意图

图 6-1-6　电子沙盘手机端界面示意图

本项目危险性较大工程多，安全教育培训尤为重要。因为传统的培训方式难以达到预期效果，所以，项目部建立了 VR 安全体验馆，利用 VR 技术结合 BIM 虚拟相关安全事故场景，让使用者身临其境地感受危险，真切体验工程伤害所带来的感受，使安全生产理念深入脑海，达到安全教育目的，VR 安全体验馆培训图如图 6-1-7 所示。

图 6-1-7　VR 安全体验馆培训图

数字化协同管理不仅可以加快隧道建设的施工进度，还能推进隧道行业的智能化建设。对于如何在建设过程中最大限度利用 BIM 智能化信息管理平台，动态控制隧道建设项目的质量与安全问题，保障项目正常运行，提高工程整体质量，最终实现科学合理的施工安全协同管理，各参建单位应当达成一致共识。

6.1.3　BIM 构建

本工程 BIM 建模工程量巨大，传统的建模方式无法满足项目使用要求。经过仔细研读图纸，分析隧道结构形式，最终确定利用 Dynamo+Civil 3D+Revit 的模型创建方式创建精细化隧道模型。基于设计施工图纸，结合隧道工程分部分项文件及施工现场实际需求，利用 Revit 创建各个参数化族，如图 6-1-8 所示。

采用 Civil 3D 创建线路模型并提取相应的线路数据。利用 Dynamo 编写建模程序，然后，利用 Excel 表格统计汇总所需参数数据及路线数据，如图 6-1-9～图 6-1-14 所示。

最后，利用 Dynamo 建模程序读取 Excel 表格中的数据，自动创建本工程隧道模型。结合项目实际应用需求，创建标准段隧道敞开段、标准段隧道暗埋段、雨水泵房等节点深化模型，指导施工，如图 6-1-15～图 6-1-20 所示。

 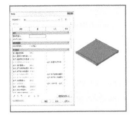  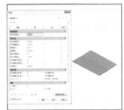

图 6-1-8　参数化族创建流程图

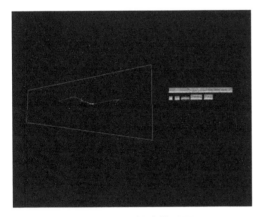

图 6-1-9　线路模型图

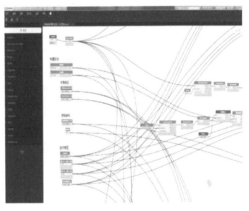

图 6-1-10　围护结构程序图

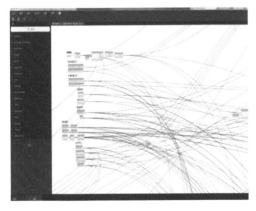

图 6-1-11　主体结构程序图

图 6-1-12　部分逐桩坐标图

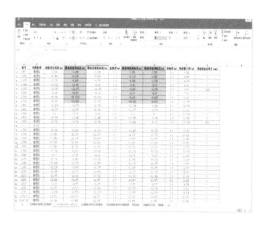

图 6-1-13　部分围护结构数据图　　　图 6-1-14　部分主体结构数据图

图 6-1-15　跨湖围堰模型图

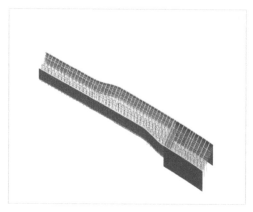

图 6-1-16　围护结构模型图

图 6-1-17　主体结构模型图

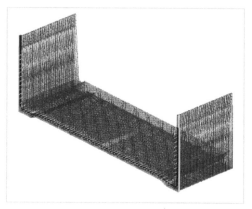

图 6-1-18　标准段敞开段模型图

图 6-1-19　标准段隧道暗埋段模型图　　图 6-1-20　雨水泵房模型图

6.1.4　功能实现

针对监测信息可视化需求，平台需实现四大功能：数据对接、数据查询、数据分析、预警与管控。

（1）数据对接

分为基于监测成果的数据对接和基于监测设备的数据对接。前者是对项目施工过程中深基坑模型监测点的监测。在数据对接中，需将变形监测点的编号与构件编码体系一一对应，通过观察构件编码的变化得出测点处深基坑变形量。后者是对平台运营维护期间监测设备编码的监测。在数据对接中，需要将 BIM 与预先创建好的监测设备编码体系一一对应，通过观察 BIM 动态数据的变化分析监测设备的变动情况。

（2）数据查询

选用数据库存储监测信息。根据基坑施工过程中采集的监测数据及相关工程信息，对这些数据的类型及用途进行划分处理，主要划分为工程信息数据库、监测项目数据库、预警值与事件数据库。数据库结构关系图如图 6-1-21 所示。

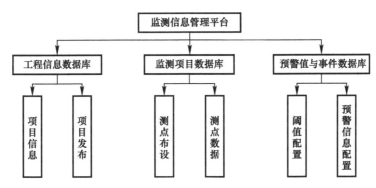

图 6-1-21　数据库结构关系图

（3）数据分析

把隧道基坑施工监测成果植入 BIM 三维轻量化模型中，平台将识别并提取深基坑模型中变形监测点的编号，并通过内置算法计算出深基坑的变形量与日均变形量。再借助 Unity 图形引擎技术，结合基坑施工工况，进行基坑开挖变形历程的图表可视化展示，如图 6-1-22 所示。其中，累计变化量反映的是监测对象即时状态与危险状态的关系，而变化速率反映的是监测对象发展变化的快慢。过大的变化速率往往是突发事故的先兆。

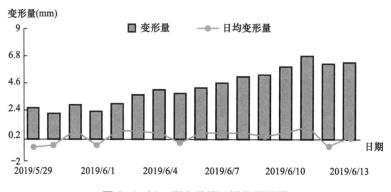

图 6-1-22　测点数据可视化界面图

（4）预警与管控

用户可以利用 BIM 平台管理项目施工信息，通过该平台的实时数据更新，及时获取准确、有效数据，并检查核验现场隧道是否存在质量问题、安全问题，实现隧道安全风险预警。并且，该平台可以将现场发现的质量安全问题记录、上传、推送给相应负责人，督促其整改、反馈，有效提高了不同部门工作人员之间的沟通效率。同时，该平台可以统计各时间段的安全质量问题，便于管理人员定期总结阶段成果，有效控制施工质量，确保现场施工顺利进行。

6.2　隧道施工信息化监测与预警

目前，我国轨道交通建设正处于大发展阶段，我国已成为世界上隧道建设数量、运营里程最大的国家。由于地质条件复杂、土体性质不一、恶劣环境影响、后期人为破坏等众多因素，隧道的质量安全问题成为工程管理中的一大难题。一旦城市隧道出现工程事故，发生如变形破坏、开裂掉块，甚至倾倒坍塌的情况，人民的生命安全就会遭受威胁，城市的生命力与经济效益也会受到严重影响，阻碍城市发展。同时，相比于地上工程监测体系的成熟与完善，地下工程，如城市隧道等，主要研究方向还是聚焦于设计计算及施工工艺等方面，安全管理工作仍存在较大缺口。因此，为了保证城市隧道的健康运行与安全管理、保障城市居民的生命安全和财产安全，选用合适的监测方法与技术至关重要。

随着世界科技的快速发展、物联网的普及范围不断扩大、测量技术与计算机水平的不断提高，隧道施工信息化监测技术已经成为隧道施工管理的重要组成部分。隧道施工信息化监测是指在隧道施工期间对基坑围护体及周边环境实施变形、内力等方面的监测，用以评定基坑在施工期间的安全性及施工对周边环境的影响，并对可能发生的危险及施工、周边环境安全的隐患或事故进行及时、准确地预报，以便采取有效措施消除隐患，避免事故的发生。

6.2.1 工程监测技术

隧道工程的常规监测技术主要有传统监测技术、光纤传感技术、三维激光扫描技术、数字近景摄影技术。

（1）传统监测技术

在隧道建设过程中，以往的施工监测工作一直采取常规的监测手段，由监测人员在工地上利用常规的手工测量仪器（如经纬仪、水准仪等）进行测量。在测量结束后，再对数据进行加工处理，并将测试的数据及时上报有关部门。

采用传统的测量技术，仅凭手工测量即可了解隧道的应力和安全性，具有直接测量、技术成熟等优点。缺点是：由于人力干扰，测得资料的准确率低，很难获得精确的量测结果；由于工程建设的原因，难以连续采集数据，数据的可追溯性差；处理测量信息手段落后，效率较低，测量结果上报过程繁琐，无法做到信息的迅速分享，导致监测预警滞后，险情处理滞后；常规的测量工作量大，时效性差，监测效率低，存在较大的风险。

因此，当前常规的监控量测技术已经不能适应现代化建设对高效性、及时性、准确性和经济性的需求。

（2）光纤传感技术

传统的人工巡视、设站点观测、GPS测量、机测法、电测法等监测方法，仅可用于检测隧道的局部位移，无法实现对整个隧道全面、分散的监测。光纤传感技术是几十年前兴起的一种新的传感器技术，它以光纤作为介质，以光波作为载体。该技术可以检测和传送被测量的物性数据。它的工作原理是将光源发出的光线通过光纤传入传感器，使得被测量的物理量和被注入该调制区中的光产生反应，从而转变为已被调制的信号，然后通过光纤送至光敏探测器进行解调，将其转化为电信号，最后得到被测量的参量。光纤传感原理图如图 6-2-1 所示。

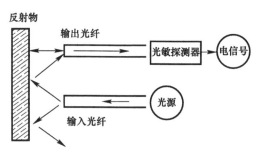

图 6-2-1　光纤传感原理图

与常规的监测技术相比，光纤传感技术具有可变形、体积小、重量轻、成本低等优点，同时还具有较强的抗干扰能力以及较高的灵敏度、耐用性和安全性。目前，光纤传感技术已被广泛应用于土木工程，且主要应用于土体变形、墙体内部应力应变和作用在墙上压力等的监测，对桥梁、隧道等大型建筑物进行安全检测。

在本项目中，光纤传感监测技术以高性能双光栅温度—应变式传感器为媒介，如图 6-2-2 所示。它主要被用于监测变形缝等具有假定变形特征或潜在变形特征的特定位置及隧道整体变形情况。

图 6-2-2　高性能双光栅温度—应变式传感器

在光纤沿线发生温度变化或者是产生轴向应变的情况下，光纤之中的布里渊背向散射光频率会发生漂移，而其频率所产生的漂移量和光纤温度变化及其应变呈特定的线性关系。通过对光纤之中的布里渊背向散射光频率漂移情况的测量，就可以得到其沿线的温度信息及其应变分布信息。

（3）三维激光扫描技术

随着数字城市、大数据等概念的不断涌现，常规的计量手段已无法适应时代发展的要求。三维激光扫描技术采用激光测距技术，对被测量对象进行高速扫描，迅速获得三维空间坐标，并对所获取的测量资料进行处理，构建被测对象的立体图像模型，三维激光扫描原理图如图 6-2-3 所示。

在没有设置测点的情况下，三维激光扫描技术可以快速获取原始绘图资料，实现数据全方位、高精度的采集，具有自动连续、方便快捷等特点，并能较好地显示被测对象的详细资料，避免以往手工测量数据采集复杂、效率低、人力资源消耗大等缺点。

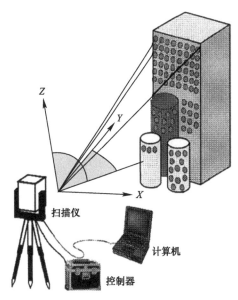

图 6-2-3　三维激光扫描原理图

与常规方法相比，三维激光扫描技术能够进行点对面的测量，利用大量的点云数据进行立体建模。在点云数据中不仅包括被测物体内部的坐标信息，还包括点云强度等信息。在本项目中，三维激光扫描技术主要被用于监测隧道渗水情况。在隧道出现渗水的区域，点云的强度信息会明显低于周围区域，以强度为特征可以做到对渗水的识别，加以结合点云的坐标信息就能实现对隧道内渗水区域的定位。

（4）数字近景摄影技术

数字近景摄影技术是一种以精密测量、数字成像、图像识别、数据处理为核心的全新立体测量技术，基本原理图如图 6-2-4 所示。

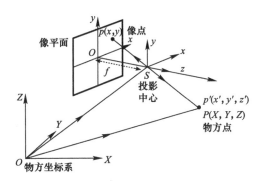

图 6-2-4　数字近景摄影技术基本原理图

该技术所需设备简单、操作方便、受外界环境影响较小，同时，具有非接触式测量、采集数据效率高、采集图像数据速度快、耗费时间及精力少等特点，在航空航天、车辆工程、生物医学、地质勘察和文物考古等领域都得到了广泛应用。

由于数字化影像技术和计算机技术水平的不断提升，数字近景摄影技术在隧道施工监测方面的发展日益完善。在本项目中，数字近景摄影技术与无人机倾斜摄影技术共同作用，获取同段隧道影像数据，并按照一系列算法完成基于 BIM 平台的融合处理，最终实现对隧道结构的综合描述。无人机倾斜摄影图像如图 6-2-5 所示。

图 6-2-5　无人机倾斜摄影图像

（5）本项目监测内容及方法

本项目监测以第三方监测为主，以内部监测复核为原则对基坑进行监控量测。第三方监测内容如图 6-2-6 所示。

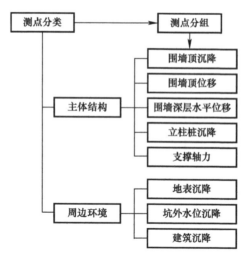

图 6-2-6　第三方监测内容

采用电子精密水准仪及其配套铟钢尺进行围墙顶沉降监测。相邻工作基准点之间的监测点采用附合水准路线进行观测，水准仪的观测方法采用往测 BFFB、返测 FBBF 的形式。当日沉降量绝对值大于等于 1mm 时，认为沉降监测点发生变形或存在变形趋势；当累计沉降量绝对值大于等于 2mm 时，认为沉降监测点发生沉降变形。沉降测点布设示意图如图 6-2-7 所示。

图 6-2-7　沉降测点布设示意图

采用全站仪监测围墙顶部位移。在选定的水平位移监测控制点上安置全站仪，精确整平对中，瞄准另一端的水平位移监测控制点进行设站，按方向观测法测定两监测控制点水平连线与监测点之间的角度及距离，以所测角度和测站点到监测点的水平距离值（由全站仪测出）作为计算变量，从而计算出监测点沿垂直于基坑边线方向的变化量。

采用基坑测斜仪监测围墙深层水平位移。如图 6-2-8～图 6-2-10 所示，埋设完成后，在测斜管中注满清水，防止泥浆渗入凝结。检查测斜管安装质量，例如管内有无异物堵塞，深度是否与埋设深度相当。最后整理、分析不同深度的水平变形，判断是否存在薄弱区段，指导施工。

图 6-2-8　安装测斜管保护管　　图 6-2-9　预安装测斜管　　图 6-2-10　安装测斜管

采用钢支撑轴力计及频率接受仪监测支撑轴力。将轴力计安装在钢支撑的端头，利用频率接收仪监测轴力计内置传感器的频率，然后，利用该仪器的曲线计算受力。考虑传感器测值受温度影响较大，监测工作安排在每天同一时段、温度相近时，若温差变化较大则需进行温度修正。钢支撑轴力计及其固定架如图 6-2-11、图 6-2-12 所示。

本项目根据现场施工监测情况，针对温度偏低、应变监测迟缓、监测数据间断等问题，最终采用高性能双光栅温度—应变式传感器进行实时监测。该传感器以 FBG 传感器为主要元件，以 BOTDR 技术为主要手段，利用温度补偿原理，分别测得隧道底板、侧墙及顶板混凝土同一测位处的温度及应变随时间的变化规律。

图 6-2-11　钢支撑轴力计

图 6-2-12　轴力计固定架

① 不同时刻，同一测位处混凝土中心测点温度最高，温度从混凝土中心向上表面、下表面逐渐减小。同一时刻，不同测位处混凝土内表面温度要高于外表面温度。其中，测量 24h、48h、96h、144h 相关数据底板混凝土最大温差出现在混凝土浇筑完成后 24h，为 13.5℃；侧墙混凝土最大温差出现在混凝土浇筑完成后 48h，为 14.6℃；顶板混凝土最大温差出现在混凝土浇筑完成后 48h，为 25.4℃（超过 25℃，混凝土开裂）。

② 不同时刻，同一测位处混凝土中心测点的应变量最大，应变量从混凝土中心向其外表面、内表面逐渐减小。同一时刻，不同测位处混凝土内表面应变量要大于外表面应变量。这与温度沿厚度方向的分布规律一致。其中，测量 24h、48h、96h、144h 相关数据，底板混凝土的最大应变差出现在混凝土浇筑完成后 24h，为 107.2με；侧墙混凝土的最大应变差也出现在混凝土浇筑完成后 24h，为 104.4με；顶板混凝土的最大应变差出现在混凝土浇筑完成后 144h，为 81.2με。

6.2.2　工程监测预警

监测预警值应由基坑工程设计方根据基坑工程的设计计算结果、周边环境被保护对象的控制要求等确定，如基坑支护结构作为地下主体结构的一部分，进行地下结构设计时也应对其考虑。基坑控制指标报警值如表 6-1-1 所示。

基坑控制指标报警值　　　　　　　　　　表 6-1-1

监测项目	监测仪器	报警值	
		累计值（mm）	速率（mm/d）
基坑周围地面沉降	水准仪	25	3
围护结构顶水平位移与沉降	全站仪、水准仪	25	2

续表

监测项目			监测仪器	报警值	
				累计值（mm）	速率（mm/d）
周边建筑物沉降			水准仪	20	2
深层水平位移			测斜仪	35	3
支撑轴力			读数仪	设计值80%或异常拐点	
地下水水位			水位计	700	300
管线位移	刚性管道	压力	水准仪	7	2
		非压力		14	3
	柔性管线			21	4

（1）本项目监测预警模型

本项目采用长短时记忆神经网络模型（LSTM）进行监测预警。LSTM具有很好的延迟存储性能，在掌握现有的数据后，能够获得更长时间间隔数据之间的联系，从而实现长时间的存储。LSTM的参数会根据输入顺序发生变化，并对输入的信息进行有选择性地记忆和遗忘，从而防止由于历史资料的给定权重和偏差而导致的预测准确性和可操作性较差。

（2）基于BIM平台监测预警

BIM的可视化界面使得用户访问与基坑施工及监测过程中的信息记录更为便利，同时，对于超过预报警阈值的监测数据，也能实现空间维度和时间维度的标记和跟踪，保证数据的时效性。如图6-2-13所示，隧道建设数字化管理平台可以统计各个时间段隧道建设的安全质量问题，更便于管理人员定期统计，确保现场施工顺利进行。

图6-2-13 隧道建设数字化管理平台

🚇 6.3 研究成果及工程应用

近几年，随着我国城市化进程的推进，现代化建设的落实，城市隧道的建设与管理水平不断提升，也大大推动了 BIM 技术在明挖隧道施工中的应用。但目前 BIM 技术还处于初步发展阶段，在明挖隧道中的施工应用手段并不成熟。针对具体的城市隧道项目工程，BIM 技术的应用还需综合考虑现实环境与技术条件。

6.3.1 无人机技术应用

场地的合理布置及基坑土方开挖的合理组织是工程顺利如期完成的重要因素。春申湖项目施工周期仅为 732d，工程体量大，工期紧、任务重，作业面广，危险性较大分部分项工程多，安全任务重。深基坑深、宽，设计基坑最大开挖宽度 52m，基坑开挖平均深度 24m，地连墙最深 52.5m，相应幅宽 1.2m，土方量大。施工场地狭长，隧道主线长 4.47km，其中，穿湖段隧道长约 2.7km，林家港河床段隧道长约 1km，最大施工场地跨度仅 65m，需对场地合理规划。同时，考虑穿湖隧道基坑施工及周边环境复杂等难点，引进无人机倾斜摄影技术可以实现对工程项目周边 200m 内地形地貌及建筑物等信息的采集，创建三维实景模型、还原周边环境，为合理的场地布置提供重要依据。

无人机倾斜摄影技术作为快速获取被测物体数据信息、精确生成三维数字模型的有效手段，在城市建设、隧道测量等数字化建设方面有着举足轻重的地位。无人机技术的兴起，尤其是无人机倾斜摄影技术的兴起，大大加快了三维建模的效率，节约了场景搭建的成本。与有人机相比，无人机具有更好的机动性、灵活性和安全性。与传统摄影测量技术相比，无人机倾斜摄影技术不再仅仅局限于被测物体的正射方向，而是可以分别从垂直方向以及前、后、左、右四个不同的大倾斜角度获取立面结构与要素信息，高度还原被测物体多方面、多角度的样貌，并反馈清晰成像，更加真实地反映被测物体的特征。目前，无人机倾斜摄影技术在许多发达国家受到广泛推广，多应用于国家重大工程建设、国土监察、基础测绘、数字化城市建设和应急救灾指挥等。将无人机倾斜摄影技术应用于城市隧道建设工程中，不仅减少工程量，节约人工成本，还可以与 BIM 相融合，建设三维可视化场景。

春申湖项目部高度重视 BIM 技术，采用无人机倾斜摄影技术对工程项目进行施工场地规划与土方平衡分析。同时，将多角度影像数据上传至隧道建设数字化管理平台中，结合倾斜影像数据处理软件，将 BIM 和倾斜摄影模型紧密结合，集成项目数据，实现大范围隧道工程三维实景模型的构建，满足工程建设对于三维可视化的要求，如图 6-3-1 所示。

图 6-3-1 三维实景模型构建图

利用无人机倾斜摄影技术精确采集地面标高数据，通过三维实景模型体积查询功能计算土方开挖量，再进行分段查询统计，测得工程项目土方开挖量为 190.423 万 m³。土方量计算量示例图如图 6-3-2 所示。

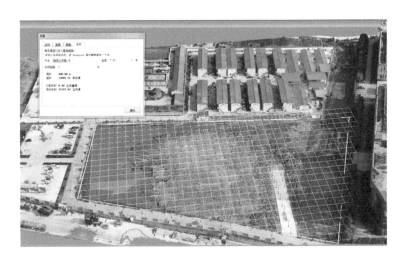

图 6-3-2 土方量计算示例图

为验证这一结果的准确度，根据设计院提供的地形图及现场地面标高采集数据制作本工程的基坑槽段模型，如图 6-3-3 所示。计算土方量为 192.897 万 m³，差值比为 1.2992%，满足土方计算规范要求。

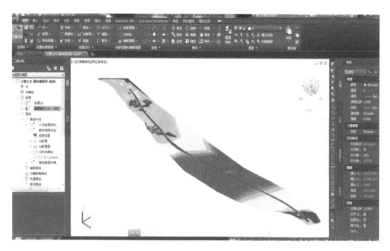

图 6-3-3　基坑槽段模型图

6.3.2　数据云端管理

（1）全程数据管理

目前，国内对于隧道的运营管理主要还是依靠人力进行，机械化、自动化程度低，实时性、安全性差。因此，对于隧道的管理模式应当由传统的人工管理转变成数字化、智能化控制，统一管理项目数据，优化控制体系，增强隧道安全性能，降低人工成本与时间成本。

本项目工程线路长、体量大、工期紧，采用分段、分区同步施工，精细化管理难度大。为提高现场沟通效率，加强现场管控力度，提高项目管理水平，探索新的管理模式，满足实际管理体系与创优要求，本项目引进鲁班 BIM 施工管理平台。通过平台将 BIM 与现场实际施工情况结合，同时支持计算机端与手机端同步登录，实现对施工进度、质量、安全的精细化管理。

如图 6-3-4 所示，将 BIM 上传至 BIM 平台数据云端，用户登录管理账号可随时随地查看多端管理数据，并进行自由浏览，极大地便利了现场管理。

（2）物料追踪管理

春申湖项目场地狭小，钢筋笼在钢筋场集中制作，现场同时施工班组多。如图 6-3-5～图 6-3-7 所示，为实现钢筋笼合理生产和使用，利用 BIM 平台对每个钢筋笼生成一个独有的二维码，通过扫描二维码进行状态编辑，实时追踪钢筋笼所处的状态，使钢筋笼加工既能满足现场需要，又不至于过多堆积。

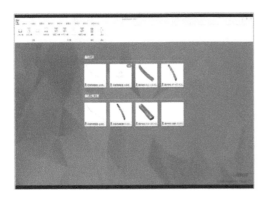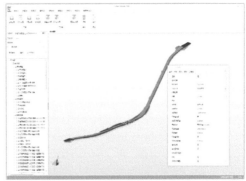

图 6-3-4 BIM 平台数据查看流程图

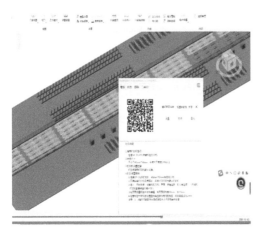

图 6-3-5 二维码生成图　　　　　　　　图 6-3-6 二维码扫描图

图 6-3-7　状态编辑（手机端）界面图

（3）监测数据管理

在深基坑开挖过程中，监测是最重要的环节，通过建立长大尺度明挖隧道建设智能化信息管理平台，利用 BIM 技术对基础工程进行安全性分析。根据各种数据信息及时发出相应的预警处理指示，及时改正施工误差，保证地基稳定，对施工运维管理及工程安全质量问题进行有效管理。

打开隧道建设智能化信息管理平台，点击监测内容里的各个项目，等待数据读取，之后再根据需求点击监测点。接下来，从以下几个监测项目查看平台的数据界面。

①围护墙顶部沉降

A. 从图 6-3-8 可以看出，2019/6/13 这一天围护墙顶部沉降的分布情况。这一天中，监测了 12 个测点，且 J36 的测值最高为 13.1mm，总体上有由增大到减小，再增大到减小的规律。结合施工工况，用户可以根据该测点的监测值分布情况做出合理的判断。

B. 从图 6-3-9 可以看出，在 2019/6/13 这一天，选中同一侧的四个测点 J23、J25、J27、J29，曲线呈现递减趋势。

C. 从图 6-3-10 可以看出，J23、J25、J27、J29 曲线发展状况相似，在 40d 左右达到了峰值，之后一直减小，在 50d 左右停止了监测，且 J23 的监测数值大于 J25、

J27、J29 的监测数值。选中测点 J23，可以发现其累计变化量基本为增长趋势，在 20d 后趋于稳定，保持小幅度波动。

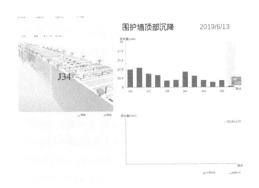

图 6-3-8 J35～J46 监测值分布情况图

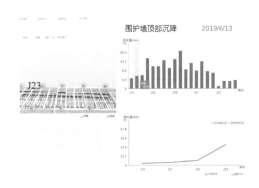

图 6-3-9 J23、25、27、29 监测值图

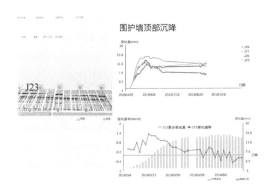

图 6-3-10 J23、25、27、29 时程曲线图

② 围护墙身水平位移

A. 绘制围护墙身的水平位移，从图 6-3-11 可以看出曲线整体上呈现中间大、两头小的规律。

B. 在图 6-3-12 中，CX12 监测曲线存在先增大后减小的规律，但数据扰动较大，整体上并不平滑。CX10 监测曲线与图 6-3-11 中 CX16 监测曲线呈现较相似的规律变形。CX10 监测曲线、CX12 监测曲线处地连墙底层都在朝着基坑内侧变形。

C. 图 6-3-13、图 6-3-14 分别为 CX16 监测曲线在 1 层及 17 层的变化量时程曲线图。比较分析可以看出，靠近地表附近的测点值变化频繁，而深度较大处的测点值则呈现出稳定增大的趋势。

③ 钢支撑轴力

图 6-3-15 选择的是同一断面处、不同深度的钢支撑轴力测点，可以看出由于土

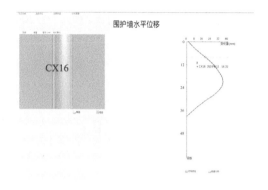

图 6-3-11　CX16 监测曲线图

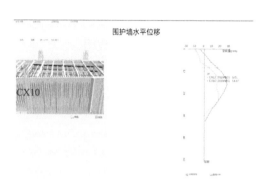

图 6-3-12　CX10、12 监测曲线图

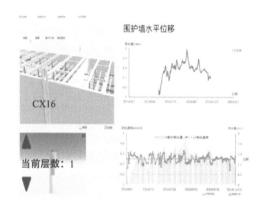

图 6-3-13　CX16-1 时程曲线图

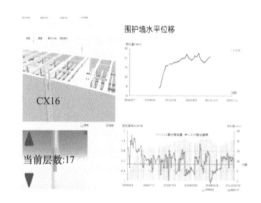

图 6-3-14　CX16-17 时程曲线图

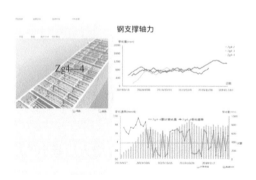

图 6-3-15　Zg4-2、4-3、4-4 的监测轴力值图

体基坑从原本的静止土压力转变为主动土压力，钢支撑受压，因此，前期曲线呈现增长的趋势，而后期由于底板混凝土的浇筑，Zg4-2 处的钢支撑轴力在 70d 左右降低。

　　④ 地表沉降

　　A. 图 6-3-16 中是 DB3 监测曲线图。其中，DB3 的每个监测点间隔 5m。可以看出，在施工过程中，5 个测点数据都显示地表有不同程度的隆起现象，距离基坑较近的

DB3-1、DB3-2、DB3-3 在基坑开挖前期先隆起，而较远的两个测点先沉降。随着施工继续推进，地表开始沉降，随后趋于稳定。

B. 图 6-3-17 是不同地表监测曲线图。可以发现，沉降量最大值基本在 DB4、DB5 的位置，且 DB4、DB5 沉降值相差不大。根据国内外对基坑施工变形影响的研究，基坑施工过程对地表影响的范围是 2 倍基坑深度，随后，地表沉降影响逐渐减小。相比较而言，地表监测点的选取范围较为保守。

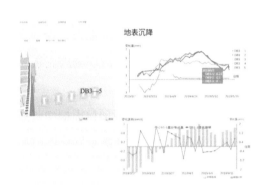

图 6-3-16　DB3 监测曲线图

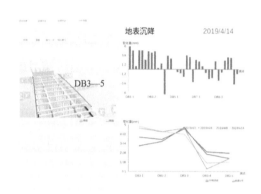

图 6-3-17　不同地表监测曲线图

⑤ 建筑沉降

从图 6-3-18 中可以看出，随着基坑开挖深度的增加，建筑物监测点的沉降量整体呈现增大的趋势。在基坑开挖前期，JZ12-1 有明显的隆起现象，且其他测点的沉降值很小，说明基坑开挖前期对建筑的影响较小。开挖前期 JZ12-3 的整体沉降量最大，而开挖后期 JZ12-2 的沉降量最大。整体来说，建筑各点沉降的差异不大，对建筑的影响较小。

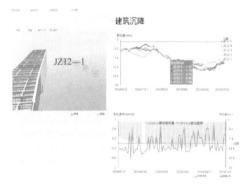

图 6-3-18　建筑物沉降监测曲线图

6.3.3　进度控制与目标管理

在传统的隧道施工管理体系中，管理流程通常为先发现安全质量问题，再进行迅速的补救工作。但是，即便如此，从发现问题到采取措施这一过程中，时间方面的耽误是不可避免的，这也导致了补救工作的延误以及工程质量的进一步恶化。而应用 BIM 技术则可以实时掌握工程进度、管理工程信息，及时发现隧道工程中存在的问题，同时有效应对施工现场突发情况。

在正式施工开始前，管理人员可以利用 BIM 技术预先对工程的各个环节进行细致的仿真处理，保证工程的合理、保障工期的稳定。运用 BIM 技术可以对各工程的进展情况进行跟踪，使其能更好地配合工程建设，有效地控制工程进度，减少工程失误，提升施工效率和质量。

春申湖项目规模巨大，施工过程复杂。因此，在施工过程中要合理、科学地安排施工进度，这就需要对项目的规划和施工进行严格的控制。

如图 6-3-19、图 6-3-20 所示，现场人员将工程实际进度每天录入汇总，管理人员随时随地坐观现场进度，同时可按月或周进行现场施工产值统计，对现场施工进度进行掌控。

将工程项目进度计划与 BIM 结合，通过构件级的进度安排，展现项目虚拟生长过程。如图 6-3-21 所示，将工程项目实时数据与 BIM 关联，通过横道图及网络图的展

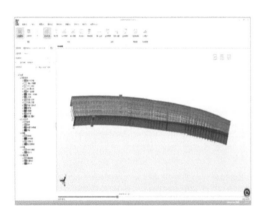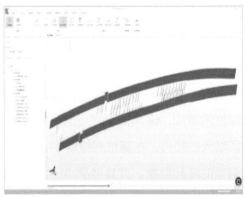

图 6-3-19　围护结构进度录入与产值统计

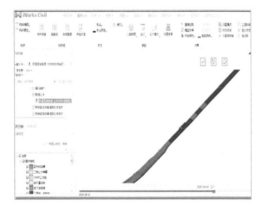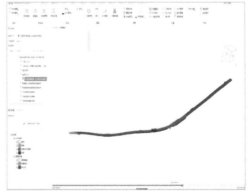

图 6-3-20　主体结构进度录入与产值统计

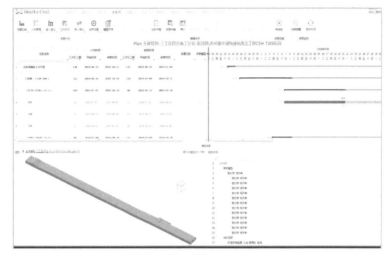

图 6-3-21　进度计划与实际进度对比横道图

示方式，实时把控项目施工关键节点，调整优化施工组织方案，为项目进度安排提供整体数据支撑，为项目如期交付提供保障。

深基坑工程的施工是一个动态的过程。除了支护结构施工外，基坑内的岩土一般也要进行分段、分层、分区开挖。在整体施工过程中，支撑结构的变形和应力持续增加，岩土的变形和坑底隆起逐渐增大，同时，作用在支撑结构体上的水平侧应力也不断变化。所以，只有对各个监测点进行数据处理与分析，才能预测最终的位移变化规律，从而判定基坑的稳定性。

隧道施工信息化管理可充分发挥计算机的信息分析、数据整合能力，显著提高施工管理效率。与一般可视化技术相比，BIM 作为针对建筑工程而发展的可视化信息模型，具有信息集成化、建模参数化、信息标准化等独特标准。BIM 技术不仅可以可视化三维模型，还可以携带丰富的数据信息，实现基于组件的结构化操作和维护数据存储，将构件信息、灾害信息、成本信息集成在一起，为智能化建设明挖隧道提供科学有效的决策依据。

7 展　望

7.1　明挖隧道绿色建造

随着中国城市化进程的不断加快，以及国民经济的快速发展，城市人口与汽车保有量也大幅增长，由此引发的交通拥堵、环境污染，以及土地资源稀缺等城市问题也逐步凸显。地下空间开发利用、隧道与轨道交通建设等是缓解城市资源匮乏、改善城市交通问题，以及提升居民出行质量的重要途径。20 世纪 90 年代起，城市隧道作为轨道交通的补充，进一步缓解了城市交通压力，并逐渐成为地下空间开发的重要引擎，带动城市综合开发。

2019 年 3 月发布的《公路隧道提质升级行动技术指南》，为城市隧道绿色建设指出方向，明确提出：补齐隧道交通工程与附属设施短板（照明、通风、交通安全设施）和推进在役公路隧道土建结构改造（病害普查评估处治）。城市隧道的绿色发展，越来越聚焦于隧道质量升级改造、隧道安全水平保障、隧道绿色性能提升。结合《绿色建筑评价标准》GB/T 50378—2019 中的绿色理念，绿色建筑是在全寿命期内，节约资源、保护环境、减少污染，为人们提供健康、适用、高效的使用空间，最大限度地实现人与自然和谐共生的高质量建筑。绿色城市隧道可以以此为方向指引，基于"以人为本"理念，围绕"可感知性"，重点聚焦安全耐久、资源节约、环境舒适、绿色施工、运营高效的内容，进一步提升城市隧道的绿色性能，以及交通运输数字化、网络化、智能化水平，构建安全、便捷、高效、绿色、经济的现代化综合交通体系。我国二氧化碳排放力争 2030 年前达到峰值，力争 2060 年前实现碳中和。为我国实现碳达峰和碳中和，必须重视碳约束和循环经济发展模式，聚焦能源、工业、建筑、交通等领域，大力发展绿色循环低碳体系。随着低碳理念逐步由建筑领域向城市交通领域延伸，《国务院关于加快建立健全绿色低碳循环发展经济体系的指导意见》国发〔2021〕

4 号明确提出，需加快基础设施绿色升级，将生态环保理念贯穿交通基础设施规划、建设、运营和维护全过程，集约利用土地等资源，提升交通基础设施绿色发展水平。城市隧道作为城市交通领域的重要建筑，提升绿色性能可助推改善人们的出行环境，增强人民群众的幸福感和获得感。以节能、环保、安全、耐久、智慧等应用为导向的技术体系将逐步成为未来城市隧道建设发展的方向。

（1）土石方平衡和循环利用

① 选择路线方案时，在满足技术标准前提下，合理控制填、挖高度，严格控制土石方数量，尽量保证整体项目的土石方的综合平衡，减少借方和弃方，并且从源头解决水土流失问题。

② 隧道主体工程与路面工程、绿化工程、房建工程及机电工程的一体化施工管理，促进土石方、表土及隧道洞渣等资源的协同配置与综合利用，减少借方和弃方，同时节约工程造价。

（2）绿色隧道声环境降噪技术

① 隧道声屏障技术

常见隧道声屏障类型可分为直立型、折板型、半封闭型、全封闭型等，能够实现不同程度的降噪效果。绿色城市隧道声屏障优先采用全封闭声屏障，隔声效果可降低 20～30dB，对降噪要求和景观要求均较高的城市道路声屏障设计，推荐采用全透明型声屏障或金属透明复合型声屏障。

② 隧道内壁吸声板

隧道内壁吸声板选择主要考虑吸声板的材料选择和铺设方式。城市隧道吸声材料宜选用具有适当孔径、孔隙率且孔洞开放、相互连通的多孔和纤维吸声材料，且吸声材料降噪系数 NRC 应大于 0.5。对于内壁降噪设计宜采用侧墙吸声结构＋吊顶吸声喷涂的方式，降噪量可达 5dB。

③ 隧道低噪声路面

低噪声路面主要是通过采用不同路面材料的路面结构控制轮胎路面噪声。根据噪声形成机理及降噪原理，低噪声路面可以分为多孔隙沥青路面、改善纹理的沥青路面、改善黏弹性沥青路面等。城市隧道降噪路面推荐采用沥青玛蹄脂碎石混合料和大孔隙级配排水式沥青磨耗层。

（3）隧道照明环保设计

随着特长、长隧道的逐年增加，照明设施的规模及数量也逐年增多，其运营需电量和维护费用也越来越高，隧道设计中应采用节能环保设计降低运营费用就至关重要。

① 土建阶段节能措施

隧道照明系统主要包括：中间段照明、入口段照明、过渡段照明、出口段照明、应急照明、洞外引道照明及接近段减光设施（路侧植被、削竹式洞门、坡面绿化、墙面色调、洞口设置棚洞等）。

② 太阳能利用

太阳能资源丰富，无环境污染，同时具有节能、环保、方便等优点。将太阳能应用于隧道照明，既可解决用电量需求，又可解决部分公路隧道无法引用市电照明的难题。

（4）绿色隧道施工监理控制措施

隧道工程作为地下结构工程，与一般房屋建筑工程相比，施工特点区别显著。如：围护结构普遍深度较大，工程线路较长，机电安装内容多，内部施工空间狭小，交叉作业环境差等。应根据其工程特点，采取有针对性的监理控制措施，提升隧道领域绿色施工程度。

① 节水方面

审核临时排水施工方案，督促施工单位合理布置施工现场供、排水系统，积极使用雨水收集利用的设施，冲洗现场机具、设备、车辆用水，设立循环用水装置。

② 节材方面

督促施工单位建立健全机械保养、限额领料、建筑垃圾再生利用等制度；现场临建设施及安全防护设施应做到定性化、工具化、标准化。

（5）隧道通风节能技术

隧道运营节能是设计阶段需要考虑的问题，由于隧道通风功率大、风机台数多，隧道用电量的 80% 以上都是风机用电量，所以通风节能是隧道节能的重中之重。

① 通风设计阶段节能

隧道通风需风量计算参数比较多，规范中已经给定部分参考值，但交通量、车辆汽柴比、车辆基准排放量折减系数并未给定，因此，设计中通过合理的交通量分析和预测、合理地确定车辆汽柴比取值，避免隧道风机配置过多，同时，合理深入地调查研究火灾的规模，确定风机数量和启闭方式。

② 安装隧道风机

隧道风机配置应根据交通量预测进行分期安装，根据特征年数据，并依据交通量的增加幅度进行风机安装，降低隧道运营费用。

目前我国在建及已建成的隧道工程数量多、规模大，应用绿色公路理念进行设计就显得尤为重要。结合绿色公路的理念，保证土石方的综合平衡和循环利用技术，减少弃渣的产生；使用合理的方法降低噪声污染；应用更加严格的监理方式，节约资源；通过合理确定隧道通风和照明系统，保证隧道节能减排，降低全寿命周期的养护成本。以实际工程为依托，将绿色公路的理念渗透到隧道设计的每个细节，并取得较好的经济效益、社会效益和生态效益，为绿色公路理念在隧道中应用奠定基础。

7.2 明挖隧道智能建造

中国城市化快速发展，智慧城市已经逐渐形成为新的发展趋势。而城市隧道是城市发展的一个主要方面，它体现了城市的经营和服务水平。明挖隧道智能建造以其自身技术为核心，大力应用数字化、智能化和网络化技术，解决深基坑施工过程中的"信息孤岛"问题，实现隧道建设的精细化、数字化、科学化发展。

7.2.1 现有局限

尽管明挖隧道智能建造已成为当前隧道建设的一大热门，但是其发展并不成熟，相关的理论与技术条件尚待完善，无法满足隧道全寿命周期信息化管理的要求。通过分析，发现主要有以下几点局限：

（1）建造数据获取困难。在隧道建造过程中，由于无法对隧道整体进行较好的把控，部分施工段只能依靠人力进行测量监控，从而导致量测数据精度不足、项目工程进度缓慢。在隧道后期运营维护中，同样也高度依赖人工进行检测与维修，因此，往往会出现定位不准确、数据不对等问题。

（2）无法实现监测数据的实时共享。各个监测技术相对独立，单个监测技术只能得出一个数据结果，没有统一的体系和整合的数据，从而导致数据分析需要花费大量的时间和精力，并且数据与数据之间没有建立联系，无法实现数据共享。

（3）不能有效利用数字化施工方法。由于隧道的地质构造复杂、隐蔽、不稳定，加之施工人员的差异，导致在施工过程中出现各种安全质量问题，难以满足工程项目的建设要求。近几年，人们有意识地将数字化施工方法应用于隧道建设中，一定程度上缓解了施工安全隐患，但在融合应用的过程中仍然存在不足，如：无法选取合理的施工参数，不能有效提高监测效率。

（4）智能建造技术应用有限。目前，智能建造技术在明挖隧道建设中的应用并不全面，大多数集中于施工后期对平台运维的信息化管理，在其他阶段并没有很好地实现信息化与智能化。并且，目前所研制的隧道监测管理平台大多是为特定的实际项目而研制，在其他项目中很难得到广泛应用，存在着应用限制性大、项目适用性较差、适用率较低等问题。

7.2.2 未来展望

针对以上问题，明挖隧道智能建造在未来可能有以下发展：

（1）利用人工智能和机器学习技术，深入挖掘和分析隧道全生命周期数据，设置深基坑模型监测点，创建合适的构件编码体系并与之对应。通过对监测点的观察分析，全方位感知隧道结构的数据变化与基坑变形量，促进隧道施工与运维技术的提升。

（2）基于物联网、大数据等技术，为工程项目数据建设数据库，并将数据导入与分类。利用 BIM 技术将不同的数据库之间建立联系，实现数据兼容与信息共享。

（3）紧跟数字化、信息化建设潮流，构建基于网络的隧道数据集群和数据集成，建立隧道数据的规范化体系结构，选取最合适的施工方案以及高精度的施工参数；以5G、人工智能、云计算和服务为基础，采用第三方智能监测设备，依据工程实际情况制定有关设备的工作标准和技术规范。

（4）在建造过程中，必须对施工质量、施工安全、施工进度、施工成本进行数字化管理，将项目的运营维护信息整合到一个集成的管理体系中，形成一个信息化的管理平台，实现技术决策由人的主观判断向智能决策的转变，完成地质智能探测、动态优化设计、结构信息化设计、构件化重构等工作，改善施工管理中的各个环节，使之自动匹配当前项目环境，力求信息管理平台的可持续利用。

城市隧道系统的智能化已经是未来发展的必然趋势。为此，必须在信息化、机械化的基础上，探索更加符合城市发展要求的智能化明挖隧道。

参考文献

[1] 曹豪荣，彭立敏，雷明锋，等. 地下连续墙槽壁失稳模式及其稳定性计算方法研究现状 [J]. 铁道科学与工程学报，2019，16（7）：1743−1750.

[2] 中国城市轨道交通协会. 城市轨道交通 2020 年度统计和分析报告 [J]. 隧道建设（中英文），2021，41（4）：691.

[3] Washbourne J. The three-dimensional stability analysis of diaphragm wall excavations [J]. Ground Engineering, 1984, 17(4) : 24−29.

[4] 黄泽恩. 地下连续墙泥浆槽的稳定性分析 [J]. 建筑结构学报，1986，（1）：70−80.

[5] Tsai J S, Chang J C. Three-dimensional stability analysis for slurry-filled trench wall in cohesionless soil [J]. Canadian Geotechnical Journal, 1996, 33 (5) : 798−808.

[6] Tsai J S. Stability of weak sublayers in a slurry supported trench [J]. Canadian Geotechnical Journal, 1997, 34 (2) : 189−196.

[7] 蔡兵华，李忠超，杨新，等. 基于土拱理论的地下连续墙护壁泥浆最小重度计算 [J]. 安全与环境工程，2018，25（6）：167−171，176.

[8] Zhang F, Gao Y F, Leshchinsky D, et al. Three-dimensional stability of slurry-supported trenches: End effects [J]. Computers and Geotechnics, 2016, 74: 174−187.

[9] Britto A M, Kusakabe O. Stability of unsupported axisymmetric excavations in soft clay [J]. Géotechnique, 1982, 32（3）：261−270.

[10] 王轩，雷国辉，施建勇. 矩形地连墙槽壁整体稳定分析方法的对比研究 [J]. 岩土力学，2006，（4）：549−554.

[11] 何桥敏，胡卫国. 基于随机介质理论的基坑地表沉降计算方法研究 [J]. 现代隧道技术，2019，56（1）：65−71.

［12］ 冯梅梅，吴疆宇，王忠昶. 考虑渗流效应的盾构始发井土压力研究［J］. 中国矿业大学学报，2016，45（5）：930-936.

［13］ Loáiciga H A, F. ASCE. Consolidation Settlement in Aquifers Caused by Pumping［J］. Journal of geotechnical and geoenvironmental engineering, 2013, 139 (7): 1191-1204.

［14］ 黄大中，谢康和，应宏伟. 渗透各向异性土层中基坑二维稳定渗流半解析解［J］. 浙江大学学报（工学版），2014，48（10）:1802-1808.

［15］ Shen S L, Wu Y X, Misra A. Calculation of head difference at two sides of a cut-off barrier during excavation dewatering［J］. Computers and Geotechnics, 2017, 91, 192-202.

［16］ 杨清源，赵伯明. 潜水层基坑降水引起地表沉降试验与理论研究［J］. 岩石力学与工程学报，2018，37（6）：1506-1519.

［17］ Xu Y S, Yan X X, Shen S L,et al. Experimental investigation on the blocking of groundwater seepage from a waterproof curtain during pumped dewatering in an excavation［J］. Hydrogeology Journal, 2019, 27 (7): 1-15.

［18］ 张淑朝，张建新，张阳，等. 基坑开挖卸荷土体回弹实验研究［J］. 岩土工程学报，2008，30（S1）：426-429.

［19］ 郑品，许烨霜，沈水龙. 地下结构对含水层挡水作用的室内试验研究［J］. 地下空间与工程学报，2011，7（2）：253-256，268.

［20］ 刘念武，龚晓南，楼春晖. 软土地区基坑开挖对周边设施的变形特性影响［J］. 浙江大学学报（工学版），2014，48（7）：1141-1146.

［21］ 王国粹，梁志荣，魏详. 上海中山医院基坑逆作法施工时间效应分析［J］. 岩土力学，2014，35（S2）：495-500.

［22］ 刘念武，龚晓南，楼春晖. 软土地基中地下连续墙用作基坑围护的变形特性分析［J］. 岩石力学与工程学报，2014，33（S1）：2707-2712.

［23］ 马昌慧，毛云，黄魏，等. 帷幕在降水条件下对基坑周边渗流及变形影响的研究［J］. 岩土工程学报，2014，36（S2）：294-298.

［24］ 黄应超，徐杨青. 深基坑降水与回灌过程的数值模拟分析［J］. 岩土工程学报，2014，36（S2）：299-303.

［25］ Luo Z J, Zhang Y Y, Wu Y X. Finite Element Numerical Simulation of Three-Dimensional Seepage Control for Deep Foundation Pit Dewatering ［J］. Journal of Hydrodynamics, Ser. B, 2008, 20 (5)：596-602.

［26］ 陈永才，李镜培，邸国恩，等. 某深基坑降水对周边环境影响的分析及处理措施［J］. 岩土工程学报，2008，30（S1）：319-322.

［27］ 王利民，曾马荪，陈耀光. 深基坑工程周围建筑及围护结构的监测分析［J］. 建筑科学，2000（2）：35-37.

［28］ 田志强，陈锐. 深基坑开挖及降水引起的邻近浅基础沉降分析［J］. 地下空间与工程学报，2012，8（S1）：1483-1490.

［29］ Zhang D D, Sun C Y, Chen L Z. Numerical Evaluation of Land Subsidence Induced by Dewatering in Deep Foundation Pit［J］. Journal of Shanghai Jiaotong University (Sciencen), 2013,18 (3)：278-283.

［30］ 王翠英，王家阳. 深基坑降水中不同的地质模型有限元应用研究［J］. 岩土力学，2007，（6）：1259-1264.

［31］ 中国土木工程学会. 地铁及地下工程建设风险管理指南［S］. 北京：中国建筑工业出版社，2007.

［32］ Einstein H H, Vick S G, Geological model for a tunnel cost model［J］. Proc Rapid Excavation and Tunneling Conf, 2nd, 1974：1701-1720.

［33］ Einstein H H. Risk and risk analysis in rock engineering［J］. Tunnelling & Underground Space Technology, 1996, 11 (2)：141-155.

［34］ Sinfield J V, Einstein H H. Evaluation of tunneling technology using the "decision aids for tunneling"［J］. Tunnelling & Underground Space Technology, 1996, 11(4)：491-504.

［35］ Reilly J J. The management process for complex underground and tunneling projects［J］. Tunnelling & Underground Space Technology, 2000, 15 (1)：31-44.

［36］ Carvajal, Arestegui, Ángel. Cost Estimation for Underwater Tunnel Projects based on Uncertainty and Risk Analysis［J］. Department of Industrial Economics & Technology Management, 2014.

［37］ 盛继亮. 建设工程项目风险与保险研究［D］. 湖北：武汉大学，2003.

［38］ 边亦海，黄宏伟，高军. 可靠度理论在确定隧道衬砌合理参数中的应用［J］. 地下空间与工程学报，2005，（1）：129-132.

[39]　中铁第四勘察设计院. 上海至南通铁路越江隧道方案风险分析研究报告 [R]. 中铁第四勘察设计院，2002.

[40]　周翔. 上海中心城区越江隧道发展分析 [J]. 上海城市规划，2012（5）：95-98.

[41]　卢浩，施烨辉，戎晓力. 水下隧道盾构法施工安全风险评估探讨 [J]. 中国工程科学，2013，15（10）：91-96.

[42]　方俊. 越江隧道工程盾构进洞施工风险控制 [J]. 地下空间与工程学报，2013，9（1）：211-215，222.

[43]　李志义，张轶，陈台礼，等. 基于模糊层次分析法的大型越江围堰明挖隧道施工风险分析 [C] //2022 年全国工程建设行业施工技术交流会论文集（中册），2022.

[44]　Belassi W, Tukel O I. A new framework for determining critical success/failure factors in projects [J]. International Journal of Project Managerment, 1996, 14 (3) : 141-151.

[45]　David C B, Melanie J A, Michael J R. New project procurement process [J]. Journal of management in Engineering, 2001, 17 (4).

[46]　Cheng L W E, Li H. Construction partnering process and associated critical success factors: quantitative investigation [J]. Journal of Management in Engineering, 2002, 18 (4) : 194-203.

[47]　Cheng M Y, Su C W, You H Y. Optimal project organizational structure for construction management [J]. Journal of Construction Engineering and Management, 2003, 129 (1) : 70-79.

[48]　Rasdorf W J, Abudayyeh O Y. Cost and schedule control integration：issues and needs [J]. Journal of Construction Engineering and Management, 1991, 117(3): 486-502.

[49]　韩洪云，左进. 我国建筑业全生命周期价值链管理现状及改进 [J]. 建筑经济，2004（7），55-58.

[50]　Tanyer A M, Aouad G. Moving beyond the fourth dimension with an IFC-based single project database [J]. Automation in Construction, 2005, 14(1): 15-32.

[51]　Hameri A P, Niter P. Engineering data management through different breakdown structures in a large-scale project [J]. International Journal of Project Management,

2002, 30(5): 375−384.

[52] 冯蔚东，陈剑，赵纯均. 虚拟企业中的风险管理与控制研究［J］. 管理科学学报，2001（3）：1−8，13.

[53] 贾利民，秦勇，张媛. 数字铁路、智能铁路与铁路智能运输系统［J］. 中国铁路，2012（3）：16−20.

[54] 程刚，王振雪，施斌，等. DFOS 在矿山工程安全开采监测中的研究进展［J］. 煤炭学报，2022，47（8）：2923−2949.

[55] 王中锐，朱少华，陈阳，等. OFDR 分布式光纤传感在深层土体水平位移量测中的应用研究［J］. 光电子技术，2021，41（4）：295−302.

[56] 汤继新，谢长岭，方宝民，等. 光纤感测技术在轨道交通运营线路中的应用［J］. 隧道建设（中英文），2019，39（S2）：398−405.

[57] Mohamad H. Behaviour of an old masonry tunnel due to tunnelling-induced ground settlement［J］. Géotechnique，2010, 60 (12)：927−938.

[58] 赵海霖. 基于三维激光扫描全息变形监测的预留变形量优化研究［D］. 成都：西南交通大学，2021.

[59] 侯高鹏. 基于三维激光扫描的隧道变形点云数据处理方法研究［D］. 成都：西南交通大学，2021.

[60] 蒋钦伟. 基于激光扫描技术的运营期地铁隧道变形检测研究［D］. 北京：中国地质大学（北京），2021.

[61] 杨世杰. 基于 BIM 和三维激光扫描的隧道几何偏差检测［D］. 重庆：重庆交通大学，2021.

[62] Hawks A, Spoerr B. INNOVATIVE INFRASTRUCTURE INSPECTION TECHNOL-OGIES［J］. Tunnels & Tunnelling International, 2014：38−43.

[63] Moisan E. BUILDING A 3D REFERENCE MODEL FOR CANAL TUNNEL SUR-VEYING USING SONAR AND LASER SCANNING［J］. ISPRS-International Archives of the Photogrammetry, Remote Sensing and Spatial Information Sciences, 2015, XL−5/W5 (1)：153−159.

[64] 徐贺. 近景摄影测量技术与三维激光扫描技术在隧道变形监测中的应用研究［D］. 吉林建筑大学，2016.

[65] 桑中顺. 隧道变形监测中的近景摄影测量技术研究［D］. 上海：同济大学，

2008.

［66］ 王隆. 基于数字近景摄影测量的隧道变形监测研究［D］. 重庆：重庆交通大学，2012.

［67］ Panella F, Roecklinger N, Vojnovic L, et al. COST-BENEFIT ANALYSIS OF RAIL TUNNEL INSPECTION FOR PHOTOGRAMMETRY AND LASER SCANNING ［J］. ISPRS-International Archives of the Photogrammetry, Remote Sensing and Spatial Information Sciences，2020：1137−1144.

［68］ Lee C, Oh J. Non-Target Soil Deformation Mapping by Photogrammetry for Underground Tunnel Model Test ［J］. KSCE Journal of Civil Engineering，2021, 25 (1): 291−302.

［69］ 马士伟，韩学诠，廖凯，等. 大断面软弱围岩隧道防塌方实时监测预警标准研究［J］. 铁道工程学报，2014，31（9）：88−92.

［70］ 依力哈尔·亚力昆. 隧道施工监控量测及预警系统研究—以华光街道隧道为例［D］. 乌鲁木齐：新疆大学，2021.

［71］ 胡杰. 隧道块状节理岩体破坏前兆规律及块体垮塌监测预警方法［D］. 济南：山东大学，2021.

［72］ 赵凯. 隧道工程自动化监测及变形预测研究［D］. 昆明：昆明理工大学，2021.

［73］ 刘洁. 公路隧道施工期智能实时监测及预警系统［D］. 西安：长安大学，2020.

［74］ 孟飞. 基于BIM的高铁接触网信息模型及全生命周期管理技术研究［D］. 北京：中国铁道科学研究院，2019.

［75］ 周颖. 基于BIM的铁路建设项目数字化协同管理体系研究［D］. 北京：北京交通大学，2017.

［76］ 宋文杰，王志刚，刘毅. 分布式光纤传感技术在地下工程变形监测中的应用研究综述［C］//2022年工业建筑学术交流会论文集（中册），2022.

［77］ 冯树民，刘浩，李来成. 雨雪天气下轨道交通客流预测模型［J］. 哈尔滨工业大学学报，2022，（9）：1−6.